捏造的世界史

奧菜秀次——著
陳美瑛——譯

目錄

第二章 希特勒的副官馬丁．鮑曼還在人世嗎？…………………… 039

第三章 為什麼甘迺迪遇刺案的話題永遠無法結束？

第四章　誰住過惡魔之屋？——鬼屋傳說的來龍去脈

前言

為什麼有人意圖捏造自傳或日記之類的文字？偽造動機各有不同，舉例來說，有人偽造歷史人物的日記，以便在拍賣大賺一筆；有人竄改前人的戰時日記，好把戰爭史竄改成有利己方的情節；有人捏造目擊證詞，以成為眾人目光焦點，謀取掌聲；還有人冒充外國人撰寫日本論，以便向崇洋的日本人宣傳自己的言論；或者捏造陰謀論，以擊倒意識形態對立的敵人……

人類打從手寫時代便開始捏造文字，歷經鋼板印刷、打字機、文書處理機，一直進化到電腦時代，即使形式變成電子郵件、部落格、網路討論區，捏造資訊的行為始終以一種文化形式存在。

舉個令人記憶猶新的例子，像是那起使日本民主黨做出嚴重錯誤決策的偽造電子郵件事件。（譯註：日本前民主黨眾議員永田壽康在二〇〇六年二月擔任眾議員問政時，因提供不實的電子郵件而引咎辭職，這起事件也稱「崛江電郵事件」。）為什麼那些政治人物會被如此幼稚的手法所騙，整個民主黨竟隨之起舞，實在令人費解。那位提供假電子郵件的人士曾在許多週刊小報發表捏造的報導文章，惹出多起毀謗官司，並且都以週刊敗訴告終。至於那位主張電子郵件為真的議員，最後引咎辭職，就此退出政壇。

筆者潤飾本稿當時，也就是二〇〇八年一月十日，日本參議院外交防衛委員會委員、民主黨議員藤田幸久在質詢時提出了有關九一一事件的疑點。藤田議員質詢的影片透過NHK在日本全國播放，筆者後來也在網路上看到這段影片。

關於他提出的疑點，簡單地說，就是陰謀論者認為這起恐怖分子行動是布希政權為了挑起中東戰爭而自導自演的。陰謀論者指稱，遭飛機撞上、發生火災而倒塌的雙子星大廈（紐約世貿中心）其實是被炸彈炸毀的；還有，企圖撞上美國國防部五角大廈的其實是巡弋飛彈，而非波音客機。對這起事件感興趣的讀者可參考拙作《陰謀論的陷阱——九一一恐怖攻擊事件自導自演論是假的》。

評論家宮崎哲彌於一月十八日《產經新聞》的專欄〈斷——被『陰謀論』毒害的民主黨〉中引用筆者的拙著，並做出以下評論：

「的確，現在是言論自由的時代，市井小民對都市傳說議論紛紛，受到世界的黑暗面撩撥，以打發無聊的日常生活。對此，我並不打算苛責。然而，藤田議員發言的場所是國會，是恐怖對策特別措施新法的集中審議，可說是民主黨最重要的會議之一。不只是民主黨，容許這種低水準的發言，是『扭曲國會』一直以來的弊病。」

藤田議員的發言自始至終淨是對事實的誤解，茲引用其中最經典的部分。

藤田議員指稱雙子星大廈是在被波音客機撞上後許久才倒塌的，並出示大樓倒塌的照片，發表以下言論。（參照藤田議員網站http://www2.y-fujita.com/cgi-bin/katsudou/20080110.php）

「建築物的碎裂物飛散得相當遠，大概有一百五十公尺吧。如這張照片所示，簡直就像遭到了爆破，許多物品的殘骸散落至此。」

接著，他又拿出另一張圖片，說：「這是我在書上找到的。你看，這兩棟大廈的殘骸竟飛到這麼遠的地方來，距離相當遠，你們看看這些殘骸。」

在這些說明之後，藤田議員以在現場的消防員「聽到爆炸聲」的證詞，推論雙子星大廈是因為有人在大樓內引爆炸彈才會倒塌。

不過藤田議員解說時所使用的圖片，並不是大樓殘骸的位置圖，而是議員也提及的ＦＥＭＡ（美國聯邦危機管理局）的雙子星大樓報告書中所刊載的「飛機殘骸位置圖」。

藤田議員說明的內容與出示的圖片並不相干，遭質詢的自民黨議員紛紛駁斥：「藤田議員，你的話跟你出示的圖片根本不是同件事，你知道自己在說什麼嗎！」結果藤田議員當眾出醜，政治生命想必也到此為止了吧。

竟在國會殿堂提出如此荒謬的質詢，不過該負責的我認為不應只有藤田議員一人。那些灌輸他這些觀念的陰謀論者、厚顏無恥地散播偽造情報的社會運動團體、週刊記者以及自由記者等曲學愚世者，也應當遭受譴責才對。

每個時代都有自願受騙的濫好人，為了迎合世人愛聽聳動話題的欲求，偽造者編造出了各種謠言，就像是九一一陰謀論。

本書中介紹了五個著名的偽史案例，收集了資訊杜撰過程的機制、基本手法等資料。儘管那些捏造的故事一時之間騙過了世人，未被發現，最後終究真相水落石出，為謠言主角的人生引來各種風波。然而，即便難逃真相大白的下場，我想世上的謊言依舊沒有終結的一天。

第一章 誰寫了開膛手傑克的日記？

不知各位是否聽過「Trekkie」這個字？在此先說明，這個字絕對不是指「宅男女」的「Otakee」的誤用，而是用來指稱一九六〇年代在美國播放的科幻影集《星艦迷航記》（*Star Trek*）的熱情粉絲。《星艦迷航記》放映完畢後，Trekkie的人數依然持續增加，催生出一系列起用該劇演員的電影，以及更動演員、時代設定拍攝而成的新系列影集或電影作品。《星艦迷航記》粉絲的熱切支持，演變成獨特的社會現象，甚至引來電影公司關注，後來推出了諷刺電影《驚爆銀河系》（*Galaxy Quest*）。電影劇情如下。

電視影集播映結束後，擔任主角的幾位演員找不到其他出路，只好受邀參加粉絲舉辦的影友會或超市開幕式等活動，以維持生計。但一群外星人粉絲錯把影集內容誤認為「歷史紀錄」，把演員視為英雄，乞求演員與自己一同對抗外敵。影片中《驚爆銀河系》徹底模仿《星艦迷航記》，還不忘在電影結尾預告續集。電影DVD推出時，替主角艦長配音的日本配音員是鈴置洋孝，他以幫動畫《鋼彈》的布萊特・諾亞艦長配音而聞名，所以日本觀眾觀賞時大都會選擇日文發音。唉，真可惜鈴置先生現已不在人世了。順帶一提，只要是Trekkie，一定知道《星艦迷航記》中火神星人的敬禮手勢，將食指和中指併攏、小指和無名指併攏，以掌心示人；或者會藉著閒聊劇中最常出現的台詞是「喂，寇克艦長」還是「這是不合邏輯的」來打發時間。

那麼，各位可知「開膛手學」（Ripperology）這個名詞？或是簡單一點的「開膛手學家」（Ripperologist）（我想不會有人知道吧……）？「開膛手學」指的是「關於開膛手傑克的研究」；而「開膛手學家」也就是「研究開膛手傑克的研究者」。

我想大部分的讀者應該都聽過開膛手傑克的名號。事件發生在十九世紀末的倫敦，自稱「開膛手傑克」（Jack the Ripper）的殺人狂一連殺害了數名妓女，將屍體開膛剖肚，並附上被害人的屍塊，寄了挑戰信給倫敦警局。這起一八八八年的命案成為如今所謂的劇場型犯罪（譯註：兇手利用預告、戲弄方式，透過媒體造成大眾恐慌。）的始祖。兇手一直沒有被逮捕，案情陷入一團迷霧，並催生出許多的「開膛手學家」。

而在「開膛手學家」之間，將拇指與小指接觸，其餘三指微微彎曲並劃過脖子的手勢稱之為「開膛手勢」……當然，這只是玩笑話。

「這傢伙很可疑」、「那人是兇手」，當時倫敦市民之間謠言四起，有人指稱「傑克是女人，因為墮胎才對同性懷抱憎恨，決定虐殺妓女」、「傑克一定是屠夫，所以分屍手法才這麼俐落」、「傑克是醫生，醫生清楚人體結構，分屍對他們而言易如反掌」、「傑克是王公貴族，警方是刻意放過兇手」、「傑克想殺的只有一人，其他被害者是他為了混淆案情才下手的」、「傑克是共濟會會員，他的犯行是一種儀式」……，甚至還有被判絞刑的死刑犯，在行刑前大喊：「我就是開膛手傑克！」

「開膛手傑克到底是何方神聖？」——這起命案已經是百年以前的事，對開膛手學家而言，傑克宛如成為傳說中的英雄，甚至有開膛手學家在著作中獻上謝詞：「感謝傑克讓我們團結一心」。在眾多相關書籍之中，有一本書是根據傑克遺留下來的日記為藍本而撰寫，於一九九三年發行。這本書，使得開膛手傑克之謎終於真相大白……

「我就是開膛手傑克」——梅布利克的自白

一九九一年底，住在英國利物浦的一名中年失業男子麥可・巴雷特拜訪了長輩東尼・迪維伍，老人家告訴他「修地板時發現了一個東西」，給了巴雷特一個包裹。巴雷特返家後打開包裹，發現裡面有一本十九世紀的剪貼簿，內容竟是冗長的殺人日記。在剪貼簿的最後，署名「開膛手傑克」。

日記的主人是在開膛手學家之間相當知名的「嫌犯」之一，利物浦的棉花商人詹姆士・梅布利克（James Maybrick, 1838~89）。巴雷特十分震驚，奔走於多家出版社，意圖出版這本日記。競標結果，最後由英國一家小出版社葛里芬出版社取得版權。出版社組成了專案小組，以鑑定這本日記的真偽，調查結果發現日記所使用的墨水與紙張均有百年以上歷史，因此斷定日記是真品。後來由女作家雪莉・哈里森（Shirley Harrison）為這本日記加上內容解說，出版社於一九九三年十月七日在全球發行，這本《開膛手傑克的日記》（*The Diary of Jack the Ripper*）一躍成為暢銷書。開膛手傑克留下的謎團，終於在案件發生後第一〇六年水落石出了嗎……非也，這本書還未出版便引發了諸多爭議，在出版史上留下了奇妙的一頁。

此後，葛里芬出版社與其他出版社把附上作家解說的《開膛手傑克的日記》稱為「日記本」，把原始的日記稱為「日記」。

疑問①　開膛手傑克是懶惰鬼？

《開膛手傑克的日記》英文版是由葛里芬這家小出版社發行，在美國，則是由大出版社時代華納（Time Warner Inc.）取得版權。在出版前，該出版社請來知名筆跡鑑定家肯尼斯・蘭德爾（Kenneth Rendell）鑑定日記的真偽。蘭德爾曾在一九八三年的「希特勒日記」偽造事件（詳情將於本章後介紹）中擔任鑑定，判定希特勒日記為贗品。沒想到十年之後，又有一本「歷史日記」到了他的手上。我們依據他的鑑定結果來看看這本日記的「製造過程」吧。

如果日記是在一八八八年至一八八九年寫成的，而且還是每日撰寫的「日記」（當然也可能並非每天都寫），那麼作者下筆時的動作應該是：

「把日記放在工作桌上」→「打開日記」→「把筆插入墨水瓶中」→「寫日記」→「墨水變淡，把筆插回墨水瓶沾墨水」→「寫日記」→「闔上日記」。

蘭德爾把日記放大，對照同一文字在不同日期的筆跡。照理說，無論是什麼時候寫下的，人的字跡大致相同。人與紙張、紙張與工作桌的角度每天都會改變，但至少在同一天寫下的同一文字，筆畫角度大致上是一樣的。照理說，如果是不同日期寫下的，由於手、紙張、工作桌等相對角度會產生變化，下筆角度也會改變。寫完日記後，闔上日記，即便隔天重複相同的動作，但書寫的姿勢與日記的放置方式不可能會跟前一天完全相同，因此書寫角度理當每天都會產生變化。

然而，鑑定結果發現，同一文字寫在紙張上的角度連續數天都是相同的，因而推斷這本「日記」不是每隔一天寫一次，而是一天寫數天的份。

此外，只要研究墨水的深淺，也可以推知寫日記的人是在哪個時間點沾取墨水。在那個時代寫字，剛下筆時墨水顏色會比較深，隨著書寫過程，墨水會逐漸變淺，內容會重複出現由深變淺的軌跡。不過在傑克的日記中，經常發現前一天的最後一個字與隔天日記的第一個字，墨水深淺是相同的。因此，從字跡墨水的深淺變化，也可以證明這本日記的主人是一次寫下數天份的日記。

當然，也有人是數天才彙整一次日記的。不過在傑克的日記中，「今天我挖出了那妓女的眼珠子」、「今天差點被逮」、「今天我劃破了那妓女的臉」、「今天毫不費勁地就把頭割下來，感覺真痛快」，如果這類生動的回憶錄是在累積數天才一次寫成的，豈不是顯示了儘管傑克行凶時大膽，分屍手法多變，但寫日記卻很偷懶？

疑問② 為何傑克要把日記寫在剪貼簿上，又要撕毀一半的內容呢？

這本日記是加上日期的紀錄，所以稱「日記」，但為什麼不是寫在一般的日記本上，而是記在剪貼簿上呢？最早在英國發行的《開膛手傑克的日記》與日文版的書封，便分別是以不同色彩模仿原剪貼簿的設計。命案發生的年代，這類剪貼簿時常被用來當作相本，而且奇怪的是，日記首頁竟被撕了下來。

為什麼像梅布利克這種富豪不用一般的日記本寫下殺人自白，反而使用一般家庭用的便宜剪貼簿呢？此一疑點很早就被人提出。一般推論首頁之所以會被撕除，是因為該頁印有剪貼簿的製造年份或製造商資料的訊息。偽造者可能是為了銷毀這些資料，才撕下剪貼簿的第一頁。

此外，剪貼簿的內頁紙張容易吸收墨水，不容易判定墨水與紙張的融合年份，這或許也在偽造者的算計之內吧。

將日記交給巴雷特的東尼，宣稱是在整修房子地板時發現這本日記的。日記本發行時東尼已經過世，所以無法向本人求證此事，但東尼的家人表示對他整修地板、發現日記等事毫不知情。

日記的取得過程不清楚，也是日記真偽打從開始就被質疑的原因。

疑問③　傑克留下來的血書與屍體上的傷痕，寫的是梅布利克的姓名縮寫？

撰寫日記本解說的雪莉・哈里森，以及葛里芬出版社的社長羅伯特・史密斯（Robert Smith）都認定日記是「真品」。不過讀過日記本後，就連稱不上開膛手學家的我都看出了幾個疑點，不免懷疑他們是認定日記是真品才決定出版，還是因為決定出版日記本才得出日記是真品的結論。

根據他們的說法，被害人屍體上的傷痕以及陳屍地點附近的牆上留下的血字都是密碼，暗示了梅布利克是兇手。他們認為梅布利克在犯罪現場的牆上和被害人身上留下訊息，以炫耀自己的犯行。

例如，第四名被害人凱薩琳・艾道斯（Catherine Eddowes）的臉頰上有兩個倒寫的V，他們指稱那就是梅布利克名字的第一個字母「M」。不過，即便讀過日記本的解說，看了屍體的照片和插圖，我依然無法肯定這樣的假設。艾道斯的屍體素描上還畫有日記沒有寫明的其他特徵，那個傷口比起「M」，形狀更接近「^^」；照片也只顯示被害人遺體曾遭受嚴重損傷，並沾染大量血跡，又是傷口縫合後的照片，根本就無法辨識傷口形狀。

《開膛手傑克辭典》的作者約翰・艾德利史東諷刺地說：「傷口看起來的確像M，不過這麼說來，死者雙眼下方兩個看似『I』的刀傷也像『Inspector Izard』（承辦刑警）名字的第一個字母，難不成是刑警在殺害凱薩琳・艾道斯之後自行發布了搜捕令嗎？」

除此之外，他們說在第五個被害人瑪莉・凱莉（Mary Kelly）陳屍的小房間深處的牆上發現血字「FM」，這被解釋成梅布利克妻子佛蘿倫絲・梅布利克的姓名縮寫。

筆者倒是看不出那些血漬寫的是字母「FM」，「M」字還有點像，不過另一個字母若要說是「F」未免太牽強了。再說前一個「M」字也可能只是變形的血痕。也有人指出「M」或許是指瑪莉・凱莉名字的第一個字母。

「梅布利克留在命案現場的密碼」不過就像羅氏墨漬測驗（譯註：Rorschach Test，讓人解釋墨水點繪的圖形以判斷其性格的測驗。）或靈異照片，認定日記是「真品」的人覺得血跡像是梅布利克親友的名字縮寫，懷疑日記是偽造品的人則是怎麼也看不出蛛絲馬跡，十分曖昧。

另外，日記本上的開膛手傑克的肖畫像十分神似梅布利克，這加強了梅布利克是兇手的可信度，不過另外幾張兇手素描倒是一點都不像他便是了。

疑問④　日記裡暗藏只有傑克知道的祕密？

在犯罪搜查中，如果嫌犯說出「只有兇手知道的事實」，也就是所謂的「祕密口供」，就可以認定他有罪。在傑克的日記中也舉出許多事件發生當時只有兇手才知道的事。因此，「寫日記的人＝梅布利克」的推論才會成立。不過開膛手學家們對於葛里芬出版社的這個主張是如何看待的呢？

葛里芬出版社的主張，必須是以日記是在事件發生當時寫下的條件為前提。如果這本日記是後人捏造的，內容寫出事件發生當時只有兇手才知道的祕密也不奇怪。在此，我們先不討論這一點。

約翰・艾德利史東等開膛手學家針對日記的分析如下：

＊在日記第三頁，梅布利克寫道：「前陣子，艾德恩（梅布利克之弟）說我是他認識的人之中最溫和的男人。」他弟弟是在該年六月來訪，但日記第六頁與第八頁的日期分別是「今年六月」、「六月底」，第三頁的日記時間則是六月以前，顯然時間不合。

＊日記第十一頁出現第一起殺人紀錄，雖然沒有寫出被害人的名字，不過可以推斷是第一個被害人瑪莉・安・尼可拉斯（Mary Ann Nichols）。日記中寫道：「頭一直切不下來，讓我很焦慮。」被害人的頸部確實有刀傷，不過根據驗屍報告，兇手並沒有試圖切斷被害人頭顱的跡象。

＊日記第十四頁，寫著：「下次一定要割掉頭，再加上妓女的手」，但並沒有出現手被切斷的被害人。

＊日記第十五頁到第二十頁是關於第二次行凶的描述，作者數次寫到犯罪現場有「指環一只，戒指兩只」、「四分之一便士兩枚」，不過這是當時新聞記者的杜撰，是舊研究報告刊載的錯誤。如果日記是傑克本人寫的，他不可能會這麼寫。另外日記內容還記載兇手曾回到犯罪現場，但這個行為沒有意義，也不可能發生。

＊在日記第二十六頁到第二十九頁描述了九月三十日的命案情形，寫說兇手殺害第三名被害

人伊麗莎白‧史泰德（Elizabeth Stride），不過並沒有破壞遺體，接著在「不到十五分鐘內」，兇手又襲擊第四名被害人凱薩琳‧艾道斯。事實上，史泰德的遺體是凌晨一點時被發現；艾道斯被目擊在一點三十五分時曾與某人交談，而她的遺體是一點四十四分被發現的。而警方在一點四十分巡邏經過時並無發現異狀。換言之，日記記載的時間與事實不符。

＊日記第二十七頁中寫了傑克寄信給警方的事。在這封信裡，「白教堂連續殺人案兇嫌」署名「傑克」，後來大眾便以「開膛手傑克」稱呼兇手。警方收到的信件郵戳是十月一日，而傑克的前一起犯行是在九月三十日，也就是說，梅布利克必須在九月三十日從倫敦的命案現場回到利物浦自宅，在日記中寫下：「**我來寫封信，好在下一次行動前，讓你們不要忘了我。**」然後於十月一日寄出信件。然而，就算利用當時最迅速的交通工具，信件也不可能在當天寄達倫敦。

＊日記第三十五頁寫的是最後一起命案。兇手剖開被害人瑪莉‧凱莉的胸腹，將內臟灑在房間，並取走心臟。日記上寫道：「**乳房跟其他內臟一起放在桌上**」，但事實上凱莉的兩個乳房分別被置放在右腳邊和胸膛。除此之外，日記第六十二頁明明寫著：「**凱莉沒有心臟，沒有心臟了**」，但在第三十九頁卻寫道：「**沒能（從犯案現場）帶紀念品回來，真是失敗。**」

……對於這樣的檢驗結果，筆者不做任何評論。

疑問⑤　科學檢驗判定日記寫成的時間

光看內容，便足以判斷日記是粗糙的偽造品。那麼日記的紙張、墨水以及筆跡等的鑑定結果又是如何呢？事實既簡單又殘酷。

在這部分，筆者引用日本首屈一指的開膛手學家仁賀克雄的著作，介紹《星期日泰晤士報》刊登的鑑定結果。

(1)根據髒污、膠水與照片殘屑判斷，偽造者使用的剪貼簿在第一次世界大戰期間本來是當作相本使用。
(2)墨水在溶解實驗中立刻消失，推測存在時間不超過一百年。
(3)日記內容是由第二次世界大戰以後通行的文體寫成。
(4)日記內容使用了二十世紀以後才出現的辭彙。
(5)關於開膛手傑克與梅布利克的關聯性，日記與已知事實有明顯不一致。
(6)日記筆跡與梅布利克在結婚證書與遺書上的筆跡不一致。

前面提過的筆跡鑑定專家蘭德爾以墨水是二十世紀的產品為由，推斷這本日記是「出土」前幾年才寫成的。

一九九四年十月十九日，時代華納出版社在日記本發行約一年後才完成墨水成分分析，確認墨水內含有一九六〇年代以後才研發出來的物質，由此可以確定這本日記是後人捏造的贗品。

疑問⑥　「歷史日記」的偽造案例與本次「發現」之相似點

日記類作品遭偽造的事件有許多前例可循，最具代表性的就是一九六八年的墨索里尼日記、一九七一年的霍華・休斯（Howard Hughes）自傳（參照第五章）、一九八三年的希特勒日記，以及一九九一年暗殺甘迺迪的兇嫌日記（參照第三章）等。

類似案件始祖之一的「墨索里尼日記事件」裡，被視為墨索里尼留下的三十本日記其實是一名義大利女性於一九五七年偽造的，但就連墨索里尼的兒子和瑞士洛桑大學的學者都沒有識破，因為專家認為不可能有人會偽造多達三十本的日記。直到檢驗墨水製造年代之後，才揭開日記是偽造的真相。誇張的是，事件發生後十一年，不知情的《星期日泰晤士報》為了轉載日記內容，差點就支付了二十五萬英鎊的版權費。

另兩起「霍華・休斯自傳」與「暗殺甘迺迪的兇嫌日記」事件，分別會在本書稍後介紹。簡而言之，兩起事件的造假者分別是「口述撰寫者」和「發現者」。

在全球引起軒然大波的「希特勒日記」一案，則是發生在一九八三年，由西德《明星週刊》的記者從偽造者手中取得了二十三本日記。這些日記宣稱是在東德淪陷前由柏林起飛的運輸機墜機現場發現的，戰後由東德的某位將軍保存。負責鑑定的歷史學家與筆跡鑑定專家一度被幼稚的偽造伎倆蒙騙，一直要到後來從日記的紙張檢驗出第二次世界大戰以後製造的漂白水與尼龍纖維，偽造手法才敗露。其實只要仔細檢視，便會發現日記筆跡與希特勒的筆跡根本就不像，而且內容不過是針對歷史事件做出一些短評，怎麼想都是贗品。為了這幾本偽造日記，西德《明星週刊》砸下超過一千六百萬美金的大錢，倫敦《星期日泰晤士報》也沒有從墨索里尼日記事件得到教訓，兩度在報上轉載希特勒的日記。

這幾起偽造案例有個共通點：「日記發現者」、「傳記作者」或提出文件的人便是偽造者。

那麼，傑克的日記又是如何呢？

替日記本平裝版寫序的柯林・威爾遜（Colin Wilson）以及數名開膛手學家感到最不可解的是巴雷特取得日記的經過。

偶然從朋友手上取得「寶物」，而且朋友不久後便過世……這樣的情節未免太可疑了，就連葛里芬出版社也承認日記的取得經過不夠明確。

整修地板時挖出歷史上的神祕日記，這種說法簡直就像民間故事的情節，「聽到田裡有動靜，一挖，發現成山的金銀財寶」，這麼形容也不為過吧。

事情始末——日記發現者巴雷特的告白與葛里芬出版社的態度轉變

根據前述鑑定結果，取得全美出版權的時代華納出版社判定日記是後人捏造的，決定中止出版計畫，並銷毀了印製完成的二十萬本成書；而英國的葛里芬出版社則是在日記本書封加上宣傳文宣，註明「**這是真品？看完證據，然後由您判斷**」等文字，前言不是由開膛手學家撰寫，而是由葛里芬出版社的社長親自寫序，指稱「本書是如假包換的真貨」。

《開膛手傑克到底是誰？——今日假設與觀察所見選輯》一書集結了五十三位開膛手學家的觀點，在這本書裡，只有日記本解說者雪莉・哈里森以及參考日記本拍攝《開膛手傑克的日記》錄影帶的製作人保羅・費爾曼（Paul Feldman）大力讚揚這部日記是「真品」，其他人則是大肆撻伐。這本出版前就被貼上「贗品」標籤的著作後來屢經改寫，大篇幅地增訂反駁「贗品說」的推薦文，繼續出版。在單行本出版翌年推出的平裝本，第二章就增訂了三十頁內容，初版後五年發行的版本又陸續增加了一百三十頁（字數相當於本文的三分之一），變成看似紙箱的厚書，讓人不禁聯想到日本妖怪推理作家京極夏彥的小說。

一九九四年，一如眾人預期，日記「發現者」巴雷特向地方小報《利物浦郵報》坦承自己的犯行。這是日記「出土」三年後的事。但沒過多久，巴雷特的律師便提出聲明，宣稱巴雷特的自白是在精神不穩定的狀態下所為，不足以採信。隔年一九九五年，巴雷特在利物浦的一家律師事務所告白自己捏造日記的過程，以下便是宣誓內容的摘要：

我從一九九三年十二月開始便設法透過新聞媒體、日記本解說人哈里森小姐、出版社以及我的代理人，希望公開說明偽造「開膛手傑克的日記」的事實。

日記草稿是我擬的，再由我的妻子謄寫。我與妻子、東尼三人是在聊天的時候想出這個點子。從那時起，我們詳細調查了梅布利克的經歷，幾乎翻遍了所有與開膛手傑克命案相關的書籍。

梅布利克擔任開膛手傑克的角色再合適不過了，況且他人已經死了，也不可能提出反駁。當然，我們很清楚梅布利克並不是開膛手傑克，但我們試圖從各個角度將他塑造成傑克的形象。

我對妻子說：「只要寫出一本暢銷書，我們就有救了」，然後向岳父透露計畫，請他提供資金。

我們從一九九〇年二月左右開始蒐集材料，起初買到的是紅色皮製封面的日記本，不過確認後覺得太小，並不適用。後來利用網路拍賣買到一本相本，年代大約是第一次世界大戰期間，一九一四至一九一八年左右的東西。我利用溶解油洗去相本內「一九〇八」或是「一九〇九」等標記，撕掉照片和部分內頁。墨水則是在平日常去的酒館附近的美術用品店買的，花不到一英鎊。

寫日記總共花了我們十一天。我打草稿，由妻子把內容謄寫到相本裡。

日記籌備期間，東尼得了急病，日記完稿時他病況加重，最後在九〇年五月下旬還是六月上旬左右過世。

妻子寫日記時犯了幾個錯誤，日記第六頁有處墨水污漬，這是我本來要妻子寫「托瑪士」，結果口誤說成「詹姆士」，只好用墨水塗掉錯誤的地方。

第二十二頁的墨水污漬也是出於相同的理由。

日記中的用詞、語調則是參考當年的雜誌。

針對「為什麼傑克要用剪貼簿寫日記」、「為什麼部分內頁被撕掉」的幾個疑點，研究者的推論完全正確。此外，在十一天寫完六十一天份日記的手法也早已被識破。巴雷特之前堅稱「日記是朋友東尼交給自己的」，沒想到東尼老翁竟也是偽造者之一，此一事實震驚了社會大眾。日記出土經過之所以交代不清，也是因為寫日記時東尼得病，而且在日記完成時過世，無法配合串供的緣故。

看完巴雷特的懺悔，再次翻閱「日記」的原始文本（原著刊登全文，日文版僅刊登四頁），發現裡頭確實有墨水的污漬，但這麼明顯的失誤竟始終沒人留意到。

日本首屈一指的開膛手學家仁賀克雄在《開膛手傑克——消失在黑暗中的殺人魔的最新事實》一書中，點破巴雷特偽造日記，巴雷特「告白後」，他在文庫本出版時增加了一段文字，「**果不其然，一九九四年七月，巴雷特向當地小報《利物浦郵報》自首，這起風波就此落幕。**」

自此之後，這部日記在開膛手學家口中變成「那本偽造日記」。另一方面，葛里芬出版社、哈里森以及費爾曼等人仍舊堅持日記是真品。據說費爾曼甚至為此恐嚇巴雷特。哈里森在巴雷特自首後出版的日記修訂增補版中，否定巴雷特的證詞，宣稱他精神狀態不穩定，出現妄想症狀。在這之後，日記經過哈里森與支持者陸續改寫，陸續出版了「改訂版」、「續篇」、「後談」、「紀實本」、「爭論本」等版本。

在最新版本中，指稱「開膛手傑克」梅布利克遠渡美國後也曾犯下幾起命案，這樣的情節發展不禁令人聯想到有人把日本平安時期武將源義經說成是成吉思汗的謠傳，簡直就像是帶著凶刀旅行的英國人遊記嘛。不過我想只要商機還在，出版商仍會繼續炒作這個話題，出書謀利吧。

該說他們做生意很積極……還是厚顏無恥呢？可悲的巴雷特，他曾是被書商捧在手心上的「日記發現者」，是日記本的著作權所有人，如今卻被人當成有妄想症的鰥夫（後來他與妻子離異）。

費爾曼製作的錄影帶《開膛手傑克的日記》（*The Diary of Jack the Ripper*）從頭到尾都是以「傑克＝梅布利克」為前提拍攝，不過在美國歷史頻道的紀錄片《歷史疑雲》（*History's Mysteries*）中，只把這個可能視為假設之一罷了。

任意胡為的開膛手學新人

進入二十一世紀後，有人試圖以迥異於以往的研究方法揭開傑克的真面目，那人便是以法醫小說聞名世界的暢銷作家派翠西亞・康薇爾（Patricia Cornwell）。她收購了開膛手傑克的熱門候選人之一——畫家華特・席格（Walter Sickert）留下的筆記與圖畫，運用ＤＮＡ鑑定方法，指控席格便是傑克。

從開膛手學的研究歷史來看，康薇爾的做法可說就像是將一直以來的人力作業、家庭代工，一躍提升成近代科學方法。而且不同於以往的開膛手學家，她對事件不抱感傷情緒，只把傑克視為異常的殺人狂，這種態度在這個領域算是異類。康薇爾投下令人咋舌的七億日圓巨款，買下昂貴畫作，刨削席格使用過的畫筆進行科學分析，從前的開膛手學家根本不可能做到這種程度。不過從她的做法，我感覺不到一絲夢想與浪漫，或許有人也和我抱有同感吧。這簡直就像在《特搜最前線》、《向太陽怒吼！》、《七人刑警》等日本警察影集中，當那些老刑警正踏實進行搜查的時候，筒井康隆筆下的《富豪刑事》主人翁以灑錢的橋段登場，而且出現的還不是原著中的男性刑警，而是演出電視版的女演員深田恭子，嘴裡還念著：「不過是區區七億圓，開膛手學家的各位還真是窮困呢。」

像「感謝傑克讓我們團結一心」——這種帶有崇拜情結的獻詞，康薇爾一定覺得很嫌惡吧。

康薇爾耗費巨資寫出暢銷著作，但仍有人對她的推論抱持懷疑態度。像在改編電影《開膛手》（*From Hell*）DVD收錄的特別影片〈開膛手傑克的嫌疑犯與被害人〉中，有這麼一段解說：

> 繼小說家派翠西亞・康薇爾投下四百萬美金大手筆進行「研究」後，這位德國畫家、演員再度成為群眾目光焦點。
>
> 康薇爾把席格視為嫌犯的理由是他常以妓女做為繪畫的模特兒，而且他十分熟悉白教堂地區，留下的畫作中出現數張類似犯案現場的作品。
>
> 康薇爾更進一步運用現代的罪犯側寫技術，一步步推演出席格就是兇手的結論。不過，她

提出的報告內容裡很多地方都有可議之處。在對照倫敦東區居民民風和維多利亞期時期文化之後，也可以發現許多不自然的地方。

康薇爾的假設大膽煽情，但無法提出決定性的證據可以斷定席格就是開膛手傑克。

史蒂芬・伊萬斯與唐納・蘭布勞在影片解說中否定了康薇爾的推論，他們指出，是席格當時租下的房間的前房客遭到房東懷疑，而席格只不過是對這起命案感興趣，才會畫出類似命案現場的畫作。至於他曾穿著傑克風格的服裝，也是因為他有喜好奇裝異服的怪癖，與事件並無關聯。

康薇爾的著作日文版由講談社發行，在書腰印上了犯罪研究專家仁賀克雄的推薦文。

一八八八年，在倫敦東邊的商業區發生多名妓女慘遭殺害的命案，兇手人稱開膛手傑克。許多人曾被懷疑，不過案件始終無法偵破。康薇爾首次挑戰非小說作品，發揮她敏銳的推理專長，指出傑克的真面目是維多利亞時期的某名畫家。她竭盡全力蒐集畫家生平畫作，分析其使用畫具，還調查了畫家平日使用的信紙，致力找出證據。康薇爾在此案投入大量時間精力，讓人強烈感受到她的熱情。

光從這段文字來看，仁賀似乎對康薇爾的作品給予好評，然而他卻在自己的著作《開膛手傑克》的文庫本後記中，對她的著作與做法提出批評。

他是這麼說的：

> 如果是那位名偵探史卡貝克的作者出馬，想必一定能快刀斬亂麻地進行分析與推理吧。想必全世界的讀者都在引頸企盼，希望看到她精采地為大家解開開膛手傑克一案之謎。……不過席格就是傑克的說法早就遭到推翻。在她的參考文獻中，遍尋不著主張或否定此說法的參考書目，到底她讀過這些書沒有？……
>
> 為了找到證據，她投下大筆金錢收藏席格的畫作和開膛手傑克的信件（雖然多半是惡作劇信件），為做分析之用還削毀了畫家的畫筆，引來英國人反感。都請出高科技設備進行分析和筆跡鑑定，卻仍找不出決定性證據。……
>
> 她的書中缺少了證實傑克就是席格的證據，像是足以推翻命案發生時席格的不在場證明的解釋、目擊者證詞或物證。至於她舉出的間接證據，像是不幸的成長過程、肉體的缺陷、讓人聯想到虐殺命案的畫作，以及筆跡相似的信件，也缺乏令人心服口服的說服力。即使筆跡鑑定的結果證明席格就是信件作者，也不能咬定他就是開膛手傑克，或許他只是寄了惡作劇

信件。再說，康薇爾推斷席格在八十一歲過世前殺害了四十人，這結論也太過草率。她的熱情與魄力的確值得讚賞，但是若從研究的角度來看，她的結論未免太不嚴謹。康薇爾不過是試圖將席格與犯罪扯上關係，寫出一本傳記風格的暗黑奇幻小說。……

仁賀在康薇爾的新書書腰上給予肯定，卻在自己的著作裡嚴厲批判她，這種態度難道就沒有問題嗎？雖說他在日本是該領域的權威，但開膛手學在日本不過只是冷門知識。看著他討好讀者的發言，我不禁感到一絲悲哀，這麼說應該不至太過分吧。

今日，據說「開膛手傑克觀光行程」在倫敦相當受到歡迎。在還看得出當時風貌的命案現場，導遊活靈活現地描述犯案過程，當導覽接近尾聲，時間也接近日落時分。這種時間安排想必也是演出的設計之一吧。命案現場附近的建築物上，還安上了註明這段過往的金屬牌。

不知開膛手傑克是否設想得到他在百年後的今天依舊是個話題人物？雖然康薇爾聽了可能會不高興，但或許我們對他的討論不斷正是傑克的目的也說不定。

第二章　希特勒的副官馬丁・鮑曼還在人世嗎？

第二次世界大戰這場人類史上最大的災難接近尾聲時，發起戰爭的罪魁禍首——納粹德國總統阿道夫・希特勒眼看千年納粹帝國瀕臨瓦解，仍命令士兵抗敵到底。面對著兵力具壓倒性優勢的蘇聯軍隊，柏林防衛部隊包含少年兵在內，進行著無望的抵抗。

在此局勢中，希特勒的副官馬丁・鮑曼（Martin Bormann）（一九〇〇～）為了力圖戰後復興，指揮「火之島」戰略，將大量財物移送至南美，同時也不忘為自己策畫逃亡路線。戰後他行蹤成謎，紐倫堡軍事審判在被告缺席的情況下做出死刑判決。那之後許多目擊者指出鮑曼尚在人世，風雲人物——曾任職於美國海軍情報局的記者拉迪斯拉斯・法拉哥（Ladislas Farago）

宣稱在柏林淪陷二十七年後找到了鮑曼，當時他以納粹第四帝國新總統身分在南美地下社會稱王……

★★★

「希特勒的副官尚在人世！」——震驚全世界的獨家報導

一九七二年十一月二十五日星期六，英國《每日快報》刊出一則預告，宣稱該報將於隔週刊出震驚全球的獨家報導。「我們取得了確切證據，證明希特勒的副官馬丁・鮑曼尚在人世。協助鮑曼逃往南美的是梵蒂岡，報導由前美國海軍情報員法拉哥撰寫。在報導刊登之前，恕暫不公布鮑曼的藏身處。」隔天，媒體間流傳該報訂購了大量印刷用紙，可見決心非比尋常。二十六日晚間，事件全貌終於明朗，路透社傳出震撼世人的消息。

「美國前祕密情報員法拉哥終於在世界的盡頭—阿根廷布宜諾斯艾利斯，查獲希特勒副官馬丁・鮑曼尚在人世的情報。」

昭和初期初試啼聲，與海明威為同一雜誌寫稿的風雲人物

拉迪斯拉斯・法拉哥（一九〇六～八〇）的寫作經歷長得驚人。

第一部作品是《Abyssinia On Eve》，一九三五年由英國出版社出版。Abyssinia是非洲東部的國家阿比西尼亞，中譯書名為《阿比西尼亞之夜》。

此外，他還曾針對以色列建國前的巴勒斯坦寫過兩本書，分別是《巴勒斯坦之夜》（*Palestine on the Eve*）與《巴勒斯坦的抉擇》（*Palestine at the Crossroad*）。這兩本書我都購買了，但奇怪的是兩本書的封面採用的是同一張畫作，都是騎駱駝的原住民與開牽引機的墾荒者。

一九三八年出版的《Arabian Antic》發行過日文版，書名翻成《探索阿拉伯》，卷末的新書廣告分別是武者小路實篤的《愛與死》以及岡本Kanoko（世界知名畫家岡本太郎之母）的《丸之內事件》。

法拉哥在昭和初期就開始了他的作家生涯，一直活躍至八〇年代，創作經歷不是普通的長。書籍設計古色古香，本文以舊假名自左向右橫寫，文章開頭情趣十足，是這麼寫的：

一九三七年二月十六日那天，我的日曆角落寫著這些文字。

在地圖上發現葉門。

調查領事代理人。

申請亞丁的旅行簽證。

保險。

與陶貝爾討論借錢的事。

與庫拉爾見面。

我立刻就在地圖上找到葉門。

書中也有關於日本的描述。

這個冥河渡船夫是道地的丹納吉爾人，退休後自願在這裡做義工。他年輕時曾是個軍人，帶回許多駭人的野蠻戰利品，像是象徵英勇的敵人手腳乾屍，他頭上殘破不堪的黑色鴕鳥毛頭飾也是勇猛的見證，一根羽毛代表取得一個敵人的性命。

這個丹納吉爾人身高一丈六呎，身材壯碩，只要看過一眼就忘不了。他身上只披著一塊印有「Made in Japan——大日本」字樣的白色亞麻布。法國官員畏懼丹納吉爾人，但日本商人卻不，他們闖進禁地，強硬推銷碎布。日本商品價格十分低廉，即便是薪資水平低下的丹

> 納吉爾人只要工作兩、三天就買得起。那些宛如古羅馬人外衣的布匹彷彿變成了制服，披在身上就像在宣傳日本經濟的優勢地位。（二五〇頁）

根據法拉哥於一九三九年出版《阿拉伯之謎》（*The Riddle of Arabia*）的內容，《阿比西尼亞之夜》賣出一萬五千本，《巴勒斯坦之夜》則賣了七千本。

他在Abyssinia Stop Press出版社擔任編輯，也固定寫稿給雜誌社。一九三八年發行的《KEN》雜誌，法拉哥幾乎每一篇報導都在強調歐洲情勢告急，他也提出警告，英國政黨內部的糾紛將有利共產主義與法西斯主義的發展，標題就寫著「在本世紀漫長的英國情報活動中，他們仍舊沒看見外國的情勢」。海明威也替同一雜誌寫稿，他也針對墨索里尼領導的義大利提出警告。

第二次世界大戰時法拉哥擔任美國海軍情報員，戰後他利用人脈轉行擔任記者，著作《被破解的密碼》（*The Broken Seal*）成為電影《偷襲珍珠港》（*Tora! Tora! Tora!*）的參考著作；所撰寫的巴頓將軍的傳記也改編成電影《巴頓將軍》（*Patton*），作品獲得好評。他是暢銷作家，多部作品曾在日文翻譯出版。一九四二年的《軸心國的偉大戰略》（*The Axis Grand Strategy*）等作品於一九五六年被日本列為「戰史參考資料」（摘自封面的說明文），由自衛隊幹部學校譯成日文；

《閱後銷毀》（*Burn After Reading*）日文版則是由佐佐淳行翻譯出版，卷首附有日本前官房副長官暨前鐵建公團總裁，也是當時職棒中央聯賽會長的川島廣守的推薦文。

從上述輝煌紀錄可以窺見法拉哥在當時有多知名，堪稱是一位風雲人物。

鮑曼的失蹤之謎

接下來讓我們來追尋鮑曼的行蹤吧。

一九四五年四月三十日，柏林即將淪陷，希特勒與情婦愛娃・布勞恩（Eva Braun）舉行結婚儀式，然後自殺身亡。當蘇聯軍隊逼近德國總統官邸之際，鮑曼留下「建議往海外、往南移動一案，了解」、「五月一日，執行逃亡計畫」等字條，還說「事到如今，或許只是白忙一場，不過還是要設法脫逃。沒把握成功」，並規畫逃亡路線。至於鮑曼逃出官邸後的消息說法不一。

有多位目擊者指出，鮑曼搭乘坦克車逃走時被砲彈直接命中，連人帶車被炸得粉碎，但沒人親眼確認過鮑曼的遺體；另有人指出看到鮑曼從碎裂的戰車中逃出，但不久便躺在地上斷了氣，並宣稱屍體的身分確實是鮑曼，然而這個唯一的目擊者雖然咬定鮑曼已經沒有呼吸，但並沒有確認他的心跳是否停止。而且該位目擊證人戰後半年隱居在山中，是個誓死抵抗的納粹狂熱分子，證詞的可信度十分值得懷疑。總而言之，鮑曼的遺體未被發現，始終無法確認他是否已經身亡。

戰後，納粹獵人（Nazi Hunter）一直不斷地在追尋他的行蹤。

柏林被攻陷之後，多數納粹軍官都遭到逮捕。也有人跟納粹德國的宣傳部長戈培爾（Goebbels）一樣，是以屍體的狀態（以藥物自殺後遭焚屍）被發現。希特勒也在遺言中命令屬下火化他的遺體，當蘇聯軍隊占領柏林時，希特勒的遺體早已被火化處理了。

雖然蘇聯軍方與美國CIC（美國反情報組織〔Counter Intelligence Corps〕）進行搜查工作，但始終沒找到鮑曼或他的遺體。他們最後貼出附照片的通緝海報，懸賞金高達一千美金。倘若按照留下的紙條判斷，鮑曼應是計畫逃往南美。

第二次世界大戰後的紐倫堡軍事審判中，缺席的鮑曼被列為被告，法庭為他安排辯護律師，但最後還是被宣判死刑，辯護律師申請減刑的上訴報告原封不動地留在訴訟檔案裡。他兒子表示父親無法抗辯，面對這樣的判決也無可奈何。戰後，官方在目擊者發現遺體的地點一帶進行挖掘工作，但仍舊沒有任何發現。

《鮑曼的家書》（*The Bormann Letters*）一書收錄了鮑曼寫給妻子的信件，該書的編輯修．特雷弗．羅珀（Hugh Trevor. Roper）在序文中寫了以下文字：

「以證據來看，鮑曼尚未死亡，僅能宣告他失蹤。」

鮑曼尚在人世的說法獲全球熱烈迴響

把話題轉回法拉哥吧。由於撰文的是大名鼎鼎的法拉哥，報導占了整整一面，標題是「全球獨家，馬丁．鮑曼尚在人世！」，還附上法拉哥戴著太陽眼鏡的照片。在「證據獨家揭露」的文字下，則刊出了鮑曼的近照！

這則「獨家報導」從鮑曼以假名里卡伍德．鮑華潛入阿根廷說起，鮑曼遭到該國情報局的荷西．胡安．貝拉斯科巡官盤問，儘管真實身分被查破，不過遭拘留中他趁機成功脫逃。貝拉斯科向法拉哥表示，他們曾突襲鮑曼的潛伏地點，不過被他逃脫，這次又被他溜了。法拉哥前往當地採訪，取得了阿根廷政府調查鮑曼動向的祕密檔案。檔案中指出，鮑曼現在的身分是南美的資產家，為了復興納粹在進行活動。

鮑曼的日常生活充滿驚險，為了防止指紋遭採集，外出時總是穿戴手套。搭車時也會繞路以甩掉追蹤。據說他也跟其他甲級戰犯，如約瑟夫．門格勒（Josef Mengele）時常碰面。

報導中詳細地寫出鮑曼的逃亡路線。

馬丁．鮑曼於一九四八年五月十八日從義大利的熱那亞港搭乘汽船「喬凡尼C號」離開，以一名二等艙的船客身分抵達阿根廷的布宜諾斯艾利斯。

他穿著類似耶穌會的僧服，所持護照上的姓名是伊萊薩·格爾德斯坦，職業是地質學家，生於波蘭華沙近郊的彼得庫夫，生日是一九〇一年八月二十日，雙親是已故的艾布拉哈姆·薩德利底斯。護照號碼為〇七三九〇九，護照由梵蒂岡的無國籍人事局於一九四八年二月十六日發出，並附有教皇庇護十二世（Pius XII）的簽名。

整篇報導裡的資料鉅細靡遺，連載第一回，「效果OK」。

知名的納粹獵人西蒙·維森塔爾（Simon Wiesenthal）曾經在著作《兇手在我們之中》（*The Murderers Among Us*）斷言不可能找得到鮑曼，所以這則報導可以說是大獨家。

全球媒體都在傳播這則報導；《紐約時報》從連載開始前數天便在報導這個消息。

眼見全球迴響熱烈，報導刊登隔天，美國知名出版社西蒙&舒斯特宣稱已經與法拉哥簽下針對鮑曼以及其他納粹戰犯逃亡為題材的著作，書名暫定為《Aftermath》（「餘波」之意，以下以《餘波》稱此書）。該出版社聲明，儘管尚未驗證法拉哥取得的鮑曼檔案的真假，不過他們相信作者已經確認檔案為真。

這則新聞在日本也造成話題。《讀賣新聞》（一九七二年十一月二十八日）以「**前納粹幹部鮑曼在南美**」、「**英國媒體獨家報導，改名換姓的富豪實業家**」等標題刊登報導的概要內容。

週刊雜誌方面，《週刊現代》、《週刊新潮》則以專欄進行追蹤。

《週刊現代》（一九七二年十二月二十一日號）以「**二十一萬美金！目擊鮑曼的消息為真？**」為標題，內容介紹至今推測鮑曼尚在人世的二十幾種說法，而納粹研究專家普遍認為這次法拉哥的說法「可信度高」，另外還指出英國《每日快報》已經預付一萬美金做為連載權利金，美國出版社以二十萬美金的代價取得版權，在結尾則表明「因為是以逃亡者鮑曼為題，不至於會發生霍華・休斯自傳出版時當事人跳出來指控是『偽造品』的情況……」

《週刊新潮》（一九七二年十二月二十三日號）的報導則以「**還在世的亡靈**」為標題，內容中專家表示並不相信法拉哥的報導，目前在西德關於鮑曼的檔案都尚未經過證實，這次的消息很可能也是誤報。

納粹重要戰犯神不知鬼不覺地脫逃，戰後二十多年潛伏在南美洲……這樣的故事確實就如同《週刊現代》與《週刊新潮》的評論所言，令人覺得荒誕無稽，但事實上確實多次發生過這種案例。

多起納粹逃亡實例

由於殘殺猶太人等犯行罪惡滔天，納粹高官面對戰犯審判時想必難逃被處以極刑的命運，因此他們往往在戰敗前就已經預先擬定逃亡計畫。

弗雷德里克．福賽斯（Frederick Forsyth）的第二部作品《奧迪沙密件》（*The Odessa File*）就是在描寫援助納粹戰犯逃亡的組織「奧迪沙」。

猶太人問題「最終解決方案」（Die Endlösung：納粹黨的委婉說法，意指殘殺猶太人）的最高責任者阿道夫．艾希曼（Adolf Eichmann）本來已經被認定死亡，沒想到他竟改名換姓與妻子定居在阿根廷，一九六〇年被以色列的情報組織擄獲，遭到處死。

當艾希曼被囚禁在以色列監獄時，一則內容寫著「勇氣、勇氣、馬丁」的神祕訊息送到他手中，艾希曼的律師主張這則訊息即是來自鮑曼，艾希曼的兒子也在電視上再三宣稱「鮑曼尚在人世」。

特雷布林卡集中營（Treblinka）的指揮官法蘭茲．舒坦格爾（Franz Stangl）一九六七年也在巴西遭到逮捕（順帶一提，吉塔．西雷妮〔Gitta Sereny〕的《人間的黑暗》（*Into That Darkness*）一書中刊載了舒坦格爾的長篇幅專訪）。

八〇年代以後被逮捕的納粹戰犯中，最知名的便是被稱為「里昂屠夫」的克勞斯．巴比（Klaus Barbie）以及「最後的納粹」約瑟夫．修瓦姆貝卡。

巴比被法國反抗鬥士以殺人的罪名通緝，而他運用自己的專業在玻利維亞軍事政府擔任顧問，最後在一九八三年遭到逮捕，被遣送至法國，九一年病逝。

修瓦姆貝卡則被指控涉及在奧斯威辛集中營（Auschwitz）殺害一萬五千人。他長年潛伏在阿根廷，一九六二年被人目擊，八七年西德政府發出懸賞金緝拿，他在同年遭到逮捕，九〇年被遣送回西德。

任職於奧斯威辛集中營，被稱為「死亡天使」的醫師約瑟夫・門格勒的例子也十分著名。他不僅親自挑選送到毒氣室的人選，還進行人體實驗，像是把染料注射到孩童眼睛、使其瞳孔變色的實驗，或是要測量人體可以耐受的最低溫、將人倒掛著浸泡在冷水中，以及把不同血型的血液注射到人體等。他對雙胞胎也很感興趣，曾進行活體解剖實驗。

由於他的手段實在殘暴，納粹獵人與媒體一直沒放過他，在世界各地搜索他的下落，但他很幸運地逃過追捕，直到意外溺斃才被發現真實身分。但當時有人質疑死者並非門格勒本人，一直要到六年後，官方才正式證實門格勒已經身亡。

就連時至二十一世紀的今日，還有納粹高官在逃。澳洲司法省於二〇〇七年七月以五萬歐元的懸賞金宣布緝拿阿洛伊斯・布倫納（Alois Brunner，生於一九一二年），他也被納粹獵人組織——西蒙・維森塔爾中心列為首要追捕目標。

他是艾希曼的忠實部下，負責移送奧地利、希臘、法國、斯洛伐克等地總計十二萬八千五百名的猶太人。戰後，布倫納從歐洲逃往中東的敘利亞，在當地遭到逮捕並且驗明正身後，以「我等敵人（以色列）的敵人就是朋友」為由，與敘利亞政府合作。

軍事法庭審判艾希曼之際，布倫納潛伏在敘利亞，被以色列著名的情報機構摩薩德組織以炸彈包裹炸傷，因此失去一隻眼睛與手指。在一九八七年的專訪中，他狂妄地表示：「他們（指猶太人）死有餘辜，他們是人渣，只要有機會，我一定會採取相同的行動。」

他們之所以能夠成功逃亡，是因為南美許多國家都是反美色彩濃厚的軍事獨裁政府，中東許多反美、反以色列的伊斯蘭國家也把他們視為英雄熱烈歡迎。

此外，戰後旋即進入冷戰時期，聯合國優先看待對蘇聯的包圍網路，而非對納粹戰犯的追查；再加上舊納粹黨員的協助包庇，也使得逃亡過程變得容易。

因為上述因素，納粹戰犯逃亡的案例相當多見。就在筆者潤飾本書內容之際，電視上正在報導一則新聞：「在逃的七〇歲舊納粹分子遭逮捕，然而考量受刑人年事已高無法入獄服刑，推測可能會以在家監禁的方式執行。」日本漫畫作品《殺手》（*GOLGO13*）雖然只是虛構故事，裡頭竟有鮑曼在巴西建立第四帝國的情節。話說出來，法拉哥的「歷史性獨家報導」在當時是否為世人所接受呢？

充滿誤判與謠言的納粹搜捕行動

法拉哥公布「獨家報導」時，美國《時代雜誌》製作了一個三頁的特輯。以「馬丁・鮑曼第三十六卷檔案」為題的特別報導中指出，法拉哥的獨家內容可疑，「報導包含事實、幻想，或是兩者混合物，但極具吸引力」。西德政府目前對鮑曼的調查檔案多達三十五卷，但內容十分可議，而今又添了第三十六卷；報導如此作結。

特輯專欄中，執筆者連結「Farago」（法拉哥）與意味「混亂」或「拼湊」的「Farrago」兩個字，以「法拉哥的巨大混亂」（A Formidable Farrago of Farago）為開頭進行報導。

早在法拉哥的連載還未結束前，這個笑話就一直廣為流傳。

「在南美發現的那個馬丁・鮑曼，搞不好其實就是霍華・休斯呢。」

「那法拉哥該不會是克里福特・埃文的新筆名吧？」

法拉哥發表「獨家報導」的十一個月前，美國大出版社麥格羅・希爾（McGraw. Hill）宣稱即將出版神祕大富豪霍華・休斯的自傳。然而，後來發現這本自傳根本是作家克里福特・埃文（Clifford Irving）捏造的（參照本書第五章）。

休斯的偽造自傳事件在出版界餘波迴盪，這對法拉哥來說真是不幸的消息。鮑曼等納粹戰犯逃亡的故事本就容易啟人疑竇，更別提《時代雜誌》在先前的專欄曾經出錯。

《時代雜誌》在專欄中舉出在逃的納粹分子有指使部下用瓦斯車殘殺猶太人的前ＳＳ（納粹黨衛軍）大佐瓦爾特・拉爾夫、巴比、蓋世太保（德國祕密警察）總長海德里希・穆勒（Heinrich Müller）以及門格勒等四人。

並指稱門格勒潛伏在巴拉圭，還登出照片；相同的照片也刊登在法拉哥的連載集結而成的單行本《餘波》中，他還針對照片附上說明：「**一九七一年的門格勒——埋伏在門格勒位於巴拉圭的祕密處所，巴西攝影師阿特保・強德雷爾令人震驚的成果**」，也對門格勒的祕密住所做了一番介紹。

然而，門格勒那時是在巴西定居，照片裡的根本是別人，而且長得也不像。

據說那張照片最後導致門格勒的搜索行動偏離方向，招致失敗。

專欄中刊出的納粹戰犯照片中，只有穆勒的照片不是「本人近照」，而是納粹時期的舊官方照片。有人曾在巴西和阿根廷見過他，據說他在南美協助納粹戰犯。一九六三年挖開他的墓時，發現裡頭裝的是比較年輕的三具遺骨。這一點成為穆勒尚在人世的重大證據。

雖不像俳句大師松尾芭蕉的俳句形容的，「幽靈的真面目，一株枯萎的芒草」，但很可能單純只是因為柏林淪陷後下葬作業很混亂，先是把別了穆勒名牌的遺體下葬，事後掘出遺體要正式下葬時，卻挖到了別人的墳，把其他人的遺骨當成穆勒下葬。不過是草率的下葬衍生出的納粹版都市傳說罷了。

穆勒的生死一直未獲證實，倘若他還在世，也已經超過一百歲了。一九六〇年代後半到七〇年代前半發行的相關著作中，有「穆勒逃往南美」的記述，但根據採訪當事者與破解機密檔案推出的最新著作《真實的奧迪沙》（*The Real Odessa*）中，完全找不到穆勒尚在人世的說法了（諷刺的是，該書開頭便表明作者找到證據，發現了鮑曼逃往阿根廷時使用的護照，但不久之後傳出鮑曼的白骨通過ＤＮＡ鑑定的消息，證明先前的情報只是子虛烏有）。

關於鮑曼的種種不合理情報

關於鮑曼的不合理情報遠比門格勒與穆勒誇張。

各種研究書籍顯示，鮑曼在數十名歐洲人的護衛下潛藏在巴西與巴拉圭國境附近的殖民地「華德納５５５」，又有人說他逃往阿根廷，或是被帶去俄羅斯等，說法不一。

戰後在西德組成的蓋倫情報組織的指揮官‧前納粹情報組織員萊因哈爾特‧蓋倫（Reinhard Gehlen）在回憶錄中提到鮑曼與蘇聯私通，而且知道他的下場。「一九五〇年，我從鐵幕彼端拿到兩份報告，根據報告顯示，鮑曼從很久以前就是蘇聯的間諜，戰後他擔任莫斯科政府的顧問，完美隱瞞真實身分，直到死亡。」（出自《諜報・活動》〔*The Service*〕九二頁）。

蘇聯記者雷夫・貝基門斯基（Lew Besymenski）在著作中主張鮑曼還在人世以及他對西方世界的協助，並表示這是遵從蘇聯當局的要求所為。

「我是老師，不是鮑曼！」「文件是捏造的！」早早便顯露破綻的疑點

《每日快報》的報導從法拉哥的獨家報導刊登之前就批判聲不斷，並指稱協助逮捕艾希曼的崔維亞・弗里德曼對於鮑曼人在南美的說法抱持懷疑態度。西蒙・維森塔爾則發出聲明，與鮑曼相關的假資訊「鮑曼檔案」累計超過三十份，這次的案例同樣可疑。在報導中被指稱協助鮑曼逃亡的梵蒂岡當局後來也在該報提出抗議，聲明「與鮑曼的逃亡毫無關係」。

這些反應難道是出自前輩對這則獨家報導的忌妒，抑或是「共犯」的否認嗎？

至於法拉哥的報導究竟是戰犯的逃亡實例還是捏造的事實呢？很遺憾的，我想是後者。

連載結束後，隔日十二月三日發行的英國《星期日泰晤士報》刊出以「第十七位馬丁・鮑曼」為標題的報導，內容是人類學家針對《每日快報》刊登的鮑曼照片與本人照片進行分析比對，發現頭、鼻子、耳朵、嘴唇的形狀都不同，臉部整體感覺也不一樣。此外，還介紹了過去多

起認錯人的實例。

《泰晤士報》分析後，確認照片中的人並不是鮑曼。連載開始僅僅六天，那個鮑曼近照中的主角，自稱是尼可拉斯・西利的男子出面澄清，表示自己是五十四歲的教師。他高舉阿根廷國籍的身分證明，大發雷霆地表示要向那個指認自己是鮑曼的傢伙提出告訴。西利矮胖的身材與額頭上的傷痕的確與鮑曼有些相似，不過西利要矮上十公分，年紀也比鮑曼小十五歲以上。

鮑曼的長相在德國人間可說是大眾臉，所以戰後「鮑曼遭逮捕」、「發現鮑曼」等謠傳近二十例，世界眾多媒體不把法拉哥的報導當回事也是這個緣故，只覺得「喔，又來了啊」。

這下照片確定是認錯人了，數天後，十二月七日，法拉哥報導的重要資訊來源貝拉斯科巡官也召開記者會，聲明他交給法拉哥的鮑曼相關機密文件是偽造的。他本人不曾見過鮑曼，並認為鮑曼已經在一九四五年死於柏林。除此之外，貝拉斯科還批評法拉哥寫錯他的名字，應該是胡安・荷西・貝拉斯科，而不是荷西・胡安・貝拉斯科。

後來查明這份機密檔案是過去刊登在西德《明鏡週刊》的鮑曼相關報導翻成西文的拙劣偽造品。

如此這般，這則大獨家一夕之間身價爆跌。

連載結束後，十二月五日，飛抵甘迺迪機場的法拉哥因為照片的失誤而陷入被全球記者嚴厲指責的窘境。

他反駁的重點是：報導是倉卒完成的，以致沒有做好確認工作。我是在從烏拉圭首都蒙德維的亞出發前三十分鐘才拿到照片，並沒有時間好好確認，這件事全是《每日快報》為了搶獨家與對手競爭，不斷催促的結果。我自己也認為照片中的人物並不是鮑曼。法拉哥試圖推脫責任，醜態百出。照片圖說明明寫著「最近在南美目擊的可疑人物，左眼上方有傷疤，這是馬丁•鮑曼的明顯特徵」、「阿根廷與智利間的國境檢查哨出現可能是鮑曼的人物，這是那名疑犯的近照」，然而如今說詞搖擺，閃爍不定，讓人感覺有搪塞之嫌。

不僅如此，連載結束後幾天，一九七二年十二月七日，工程人員在一九四五年鮑曼「遺體」陳屍的地點一帶進行挖掘，「好巧不巧」發現兩具白骨。從地點來看，白骨的主人很可能就是鮑曼。

世界就是這麼小。在十一年後的希特勒偽造日記事件中，第一個識破日記是偽造品而備受注目的英國歷史學家大衛•埃文（David Irving）在美國資料館發現了鮑曼的齒型紀錄，他比對白骨與鮑曼的齒型、身高，並利用臉部重建法檢查，判定白骨的主人就是鮑曼。由於白骨齒縫間有玻璃碎片，推斷鮑曼應是咬碎了氰酸鉀的安瓶，服毒自殺。一九七三年四月十一日，西德政府正式宣布鮑曼的死訊。

埃文在自己的網頁上接受讀者發問，說明鮑曼死時的狀況。他舉出「好朋友」法拉哥的報舉，當時鮑曼搭乘的戰車的確被炸毀了，但他並沒有當場死亡。埃文推測鮑曼被拋甩到地面後放棄逃亡，但他不願投降，選擇自殺。

法蘭克福州檢察局的最終報告公布了散播鮑曼尚在人世的錯誤資訊的幾個關鍵人，分別是蓋倫、維森塔爾、雷夫・貝基門斯基以及法拉哥。

《祕密檔案——馬丁・鮑曼》詳細記述了這起事件，書中如此介紹法拉哥：「捏造新的神話，使得鮑曼獵人失去了追殺的興致。」

筆者向埃文介紹本書的概要後，他回答：「我可不是那個偽造休斯自傳的埃文。如果您不介意，歡迎發問。」那個給了法拉哥重重一擊的埃文，答應接受我的採訪。我問了幾個問題，他的回答如下：

至今還倖存的幾個納粹高官我幾乎都訪問過，他們都討厭鮑曼。他野心勃勃，而且十分冷酷，緊黏著希特勒，是個危險人物。沒有人相信鮑曼能夠成功逃亡。

修・特雷弗・羅珀早我一步訪問那些納粹高官，不過他傾向相信鮑曼還在世的說法。為什麼呢？因為他聽說鮑曼本人試圖與他接觸，所以才被這個謠言給唬住。

戰後，鮑曼在世的說法流傳了很長一段時間，那是因為大眾如此期盼吧。因為那種話題能賺錢。如果有人說『希特勒還在人世』，那一定是大新聞吧，鮑曼的生死也是一樣的道理。

法拉哥曾寫過很多暢銷書，不過他也被美國的出版業給控制了，竟那麼容易就上當。他輕信情報提供者的一句『有人在巴拉圭看到鮑曼』，因此寫出《餘波》那種書。

法拉哥是生於匈牙利的猶太人，一直住在美國紐約。身材高大，蓄著鬍鬚。他很會開玩笑。『打了一杆進洞的球員一個人完成比賽，知道這件事的也只有上帝了。』這是他說過的笑話，但我聽不出笑點在哪裡。我們有段時期共用同一個經紀人，所以常有機會見面，他太太身材嬌小，很會抱怨。

他有些地方比我還沒常識……有一次他來倫敦找我，結果沒問一聲就擅自拿走我向羅珀借閱的資料，直到隔月他郵寄送還給我，我才發現。

柏林資料中心的所長里卡爾德．鮑華聽說法拉哥要去南美，交給他一筆錢，託他買祖母綠，準備送給鮑華夫人當禮物，但後來鮑華才知道，寶石一直都沒寄到。有一次他看到法拉哥太太佩帶著祖母綠，一問價錢正好就是那筆錢的金額，兩人聊起這件事不禁放聲大笑。

當我造訪他紐約的公寓時，發現從美國資料館『借』的原始文件與縮微膠片堆得像山一樣高，我嚇了一跳。當時資料館的檢查不像現在這麼嚴謹，不過我想那是館方大方借給他的吧，因為是法拉哥嘛。他朋友很多，所以才有門路。

他過世後，他太太把他手上的資料全賣給波士頓大學圖書館。奧莱先生如果想深入了解法拉哥的事，或是想知道他追蹤鮑曼的相關資料，波士頓大學圖書館有資料可以調閱，我想應該幫助很大。

法拉哥太太賣給波士頓大學的資料中有法拉哥的私人信件，甚至還有《餘波》的原稿。因為這樣，不，真多虧法拉哥太太這麼做，否則我們絕對無法一睹那些法拉哥不想讓人看見的資料。哪像現在，我還能把他與編輯伊恩・麥克爾和特雷弗・羅珀的爭吵過程引用到自己的書裡頭呢（參見後文）。

法拉哥的反擊──《餘波》

由於有前述爭議，法拉哥的報導被翻譯刊登在《文藝春秋》（一九七三年四月號）時，標題被訂為「來自異世界的報告」，還附上煽動文案「**在柏林發現的頭骨是假貨**」，報導最後則以一句「**即便如此，鮑曼還活著**」作結，有些敷衍。

雖然鮑曼的死亡訊息已經正式公布，隔年一九七四年十一月，美國西蒙&舒斯特出版社還是依合約發行了連載修改後的單行本，內文超過四百頁，十分厚重，書名就如同預告訂為《餘波》。

精裝本封面有南美洲的地圖，並加上德國納粹黨黨徽（卐）插圖，副書名為「**馬丁・鮑曼與第四帝國**」；平裝本封面更大膽激進，插圖是潛入叢林的鮑曼，宣傳文案寫著「**我等展開本世代最大膽的搜捕！馬丁・鮑曼最終探索**」；封底文案則寫著「**馬丁・鮑曼還活著！**」。

三年後，日本早川書房分成上、下兩冊在日本出版，總計超過四百六十頁。

書腰上有歷史學家的讚語。

「**本書有趣程度超越善於描寫跨國陰謀的約翰・勒・卡雷（John le Carré）和弗雷德里克・福賽斯。根據我過去幾年的研究顯示，鮑曼的確極有可能先逃往義大利，再轉往南美洲。**」——約翰・杜蘭（John Toland）

歷史學家杜蘭一九七一年以《大日本帝國的興衰》（*The Rising Sun*）一書得到普立茲獎，為了執筆希特勒傳記當時正進行調查。杜蘭從英美的機密資料掌握了鮑曼逃往南美的可能性，他的推薦為這本書帶來重量級的肯定。

「**法拉哥以超乎想像的情節鋪陳，閱讀本書時，我同時感受到恐怖與快感。**」——威廉・史泰隆（William Styron）

「對於法拉哥的勇氣與足智多謀，我深表敬意。根據我的情報來源指出，我也認為鮑曼可能經由義大利逃往南美。」——H・特雷弗・羅珀。

修・特雷弗・羅珀曾是英國情報員，也是牛津大學的歷史教授，受聘於聯合國正式調查希特勒與鮑曼之死。羅珀因希特勒而聲名大譟，他根據親身經歷而寫成的《希特勒的最後一日》（*Hitler's Last Minute*）是該領域的經典。他的推薦想必也會成為法拉哥的強力支援吧。

「法拉哥的故事十分有吸引力，內容乍看離奇，不過他有確切的資料佐證。法拉哥主張不為人知的納粹新興集團確實存在，想必這個議題將會再度成為新聞焦點而受到世人矚目吧。」——芭芭拉・A・瓦儂

在納粹全盛時期駐守柏林的每日新聞特派員，也是該書日文譯者的寺村誠一在譯後記發表了自己的看法。

> 作者真是毅力十足又執著堅忍！這是我翻譯本作的第一個感想。
>
> 原著書名Aftermath是餘波之意，也就是指第二次世界大戰的影響，不過本書重點是放在證明一般人認為早已身亡的納粹大人物馬丁・鮑曼其實還在人世。
>
> 作者費盡心力拿到決定性證據，主要是阿根廷當局保管的機密文件。眼見如此明確的證

據，讀者也不得不相信法拉哥的說法吧。

作者在第二次世界大戰期間曾任職於美國海軍情報局，後來轉任記者。從姓名來推測，應是猶太人，他的種族背景使他對鮑曼的生死真相緊咬不放的理由深具說服力。戰後，國際間對鮑曼生死的議論始終不斷，透過本作，可以說鮑曼的生死之謎終於得到了解答。

該書是從「被發現的白骨是有人蓄意偽造」、「鮑曼還在人世」等闡述開始。

在《紐約書評》刊載的〈鮑曼的垂死掙扎〉（一九七四年十一月十四日號刊登）一文，羅珀表示「鮑曼彷彿不死之身，過去三十多年來我們始終無法確定他的生死」，以此為法拉哥辯護，並主張那具突然冒出來的「白骨」是有陰謀論在運作，以對抗法拉哥的報導，並表示法拉哥書中提到的機密文件的確是真品。書評最後則以「如同羅珀所說，『鮑曼的生死之謎』因為法拉哥而真相大白，我等應對他表達感謝」作結。

《餘波》內文還放進了鮑曼位於巴拉圭的自宅照片、玻利維亞的鮑曼檔案裡的照片、鮑曼以牧師裝扮出席友人婚禮的八釐米臉部特寫照片，以及法拉哥造訪智利時在智利山中的德國人社區「X區域」空拍的照片，總而言之，大大滿足了讀者的好奇心。

文章結尾，法拉哥寫到他在投入全部家當窮追不捨後，終於在玻利維亞與命在旦夕的鮑曼對峙，並親耳聽到他痛苦的呼喊！他還活著！白骨果真是偽造的。

法拉哥利用報導竭力洗刷污名，專家也紛紛加入擁護行列。然而，在法拉哥眼前，烏雲逐漸聚攏而來。

遭背叛的法拉哥

名列《餘波》卷末謝詞的《每日快報》編輯伊恩・麥克爾，於一九七三年四月寄了一封信給法拉哥，信中指出由於報導內容有誤，要求法拉哥歸還預先支付的五千英鎊稿費。麥克爾也表達了他的憤怒，質疑除了機密文件是從《明鏡週刊》的報導偽造的，其他資料文件也是捏造的。

隔月，法拉哥回信提出反駁。他宣稱文件是真的，並提醒麥克爾別忘了報導之所以出錯是因為《每日快報》太早刊登獨家預告，使他沒時間進行確認。

《每日快報》之所以提前刊出預告是因為競爭對手《每日郵報》也前往南美採訪，他們不想讓對方捷足先登。欲速則不達，錯誤因而產生。

法拉哥在著作中以註解小字做出如下辯解。

新聞照片之所以會搞錯是因為影中人與鮑曼「像得驚人」，而且指稱那是鮑曼照片的並不是法拉哥，而是照片提供者。法拉哥很清楚照片中男子不是鮑曼，他的說法是「但《每日快報》不接受我的意見」。他也寫下自己在甘迺迪機場的記者會上老實認錯的事。

至於曾經讚揚法拉哥的著作，還寫了篇書評的特雷弗・羅珀，事實上，他在該書出版前七個月，一九七四年四月，曾私下寫信指責法拉哥弄錯了鮑曼的照片，信件內容如下：

「報導刊出前，我們在倫敦見面時，你不是說會在登報前正式說明鮑曼的照片有誤嗎？這麼一來，這個責任就不在你身上，而是《每日快報》，因為你已經公開表示反對了。」

後來因為羅珀的一篇書評，協助法拉哥的紐約律師喬艾爾・溫伯格與羅珀展開爭辯，羅珀的批判因而攤在眾人目光之下。

溫伯格在法拉哥登出獨家報導前兩個月曾前往阿根廷，協助《每日快報》外電部長史都華・史蒂芬進行「鮑曼文件」的確認工作，訪問了在鮑曼文件中簽字的阿根廷政府官員。溫伯格簽下：「文件確實為真。」

相對於此，羅珀則和提供法拉哥假照片的阿根廷情報員貝拉斯科見過面。貝拉斯科承認給法拉哥假照片，但他辯稱法拉哥取得鮑曼的機密文件的管道和他相同，難道就能信賴嗎？

羅珀主張那些文件裡**或許**有幾分真實，但還稱不上是鮑曼還在世的決定性證據，頂多只能當成匿名傳言看待，無法證明什麼。何況溫伯格檢查的文件也不是阿根廷政府的正式文件。而法拉哥的經驗只證明了南美有非常賺錢的「鮑曼產業」，就算有律師願意到當地檢查並作證文件為真，一個深信自己找到機密文件的天真傻瓜是不可能發現真相的。羅珀以嚴厲的言詞痛批對方。

至於約翰・杜蘭，他的反應如下。

杜蘭於一九七六年推出希特勒的傳記《希特勒傳》（*Adolf Hitler*），該書以希特勒的死作結。在《餘波》的讚詞中，杜蘭提到「鮑曼的確極有可能先逃往義大利，再轉往南美洲」，不過在自己的著作結語裡，杜蘭態度一轉，改口推翻自己的論述：「一九七二年底，美國作家法拉哥宣稱握有鮑曼人在南美的確切證據」，然而不久疑似鮑曼的白骨出土，且經過鑑定確實為鮑曼本人，「這麼一來，終於解開了希特勒最忠實的僕人的生死之謎。」

如前所述，原本主張鮑曼尚在人世的納粹獵人西蒙・維森塔爾後來也在著作《獵殺納粹罪人》（*Recht, nicht Rache*）中改變論調，主張鮑曼確實在柏林淪陷後自殺身亡。

最後再補充一點。法拉哥取得鮑曼機密文件的管道之一，西班牙情報員安荷・阿爾卡薩爾・迪・貝拉斯科（與阿根廷情報員胡安・荷西・貝拉斯科非同一人）曾經接受日本作家高橋五郎的訪問。

高橋的著作《熱愛天皇之國的超級情報員貝拉斯科》裡可以看到他的說法。

像是，自殺身亡的其實是替身，希特勒本人已經逃亡在外。

鮑曼也逃亡成功，戰後整形的鮑曼曾去找過他。

納粹對猶太人的大屠殺從未發生。

大韓航空的飛機遭擊落的事件中有人生還，他們被拘留在蘇聯接受審問。

世界聯邦政府這個組織製造破壞環境的武器，造成氣候異常。

山本五十六是共濟會的成員之一。

還說……

只能說格調與書名相應，內容充滿了胡言亂語與不合理的機密情報。

竟輕信這種人的說法，法拉哥未免太粗心了。身為前海軍情報員的他到底是沒有識人的能力？還是已經老糊塗了？

編輯透漏的內幕

西蒙&舒斯特出版社的編輯麥可・科達（Michael Korda）在自己的著作《因緣際會——出版風雲四十年，這些人、那些事》中描述自己與許多作家的交手經驗。其中也提到了法拉哥的《餘波》，占了五頁的篇幅。

該書出版的契機是法拉哥的經紀人馬基希米里安・貝卡親自到出版社推銷，法拉哥與科達的合作起初還很契合。

後來法拉哥去找科達，流著淚訴說自己生活困苦，跪著懇求版稅訂金能夠多加五千美金，因為他的妻子生病，調查也需要錢。只不過由於資料是「極機密且具危險性的內容」，還不能給他看稿子。

科達拒絕了法拉哥的請求，但法拉哥也不生氣，改求科達以個人名義借他五百美金。

從這段描述可知，早在法拉哥的獨家報導在《每日快報》連載之前，出版計畫就已經進行了，只不過是在尋找適當時機正式發表罷了。

南美採訪的結果，法拉哥查知鮑曼如今在南美打造了一個小型的納粹社會，正為了納粹的復興奔走，而梵蒂岡在他逃亡時曾給予協助。出版社高層得知這些消息後，將《餘波》視為創社以來最重要的一本書。

由於法拉哥帶回的文件資料是以西班牙語、德語或葡萄牙語等多種語言寫成，而且不是模糊的影印複本就是重新打字的資料，出版社費了一番工夫來判別內容真假。

確實，那些資料具有足以改寫歷史的衝擊性，內容包含納粹餘黨策畫的陰謀，也提及南美各國政府、美國中央情報局以及梵蒂岡的高層等，然而最重要的證據文件卻十分模糊，內容漏洞百出。出版社只好抱著一個盤算：這本書一定大賣。如果出版這本書，新聞肯定能占滿報紙一整面，所有書店的店頭都將擺滿《餘波》。科達描述了事件之後的發展……沒錯，新書出版前法拉哥的新聞確實占滿《紐約時報》的一整面，但內容重點是放在那張認錯人的照片，阿根廷的教師尼可拉斯・西利憤怒地跳出來表示自己並不是鮑曼。後來疑似鮑曼的遺骨出土，鑑定的結果也確認是鮑曼本人。此外，蘇聯也給了一記重擊，公布鮑曼一直寫到希特勒生前最後一週的日記。對於這些說法，法拉哥則宣稱白骨是假的，日記也是蘇聯情報組織KGB偽造的。希特勒死前三天，一九四五年四月二十七日星期五，鮑曼在日記寫下：「**我等將與總統奮戰到死，竭盡忠誠犧牲生命。**」希特勒自殺翌日，五月一日的日記最後還寫著：「**嘗試從重重包圍中逃脫！**」

結果法拉哥的反駁顯得虛弱無力，羅珀在《紐約書評》對《餘波》的嚴酷批評更使得該書完全失去信用。

當時，派拉蒙（Paramount）電影公司正在檢討《餘波》改拍電影的可行性，雖然有上述負面因素，但經過討論，公司高層決定繼續進行。在電影公司的會客室中，《餘波》相關成員齊聚一堂，出席簽約儀式的法拉哥紅著眼眶，發表簡短談話。他說對於信任他的人，他將永生難忘這份恩情。法拉哥收下派拉蒙公司的支票，把支票轉交給經紀人貝卡，而貝卡那之後的舉動竟是……

貝卡沒有入坐，也不開慶祝的香檳酒，只是凝視著支票。事實上，他的姿勢就像參加奧林匹克的賽跑選手在等待鳴槍一般，穿著大衣，帽子戴得深深的，全身肌肉緊繃。當他一從法拉哥手上接過支票，就像是聽到槍響的選手立刻衝出場外。

法拉哥為貝卡的失禮行徑致歉，低聲地說：「我們得趁銀行還沒關門把支票兌現。」他眨了眨眼，說出真心話：「免得你們改變主意。」

看來法拉哥其實也對《餘波》的可信度失去了信心。很遺憾的，《餘波》最後終究沒有機會拍成電影。

「世紀獨家」被降格為偽造案實例

法拉哥於一九八〇年十月過世，遺作《巴頓將軍的末日》（*The Last Days Of Patton*）在隔年出版，因此《餘波》是他生前最後一部作品。

長達半世紀的光輝履歷，這個偉大的記者、寫出無數暢銷書的作家最後一部作品竟是《餘波》，只能說他運氣真背呀。

《時代雜誌》在該年十月二十七日號的名人訃聞專欄如此描述法拉哥：

拉迪斯拉斯・法拉哥，出生於匈牙利，曾經出版諸多諜報戰爭相關書籍（如《狐狸的遊戲》（*The Game of The Foxes*）、《被盜的印記》（*The Broken Seal*）。一九七二年曾宣稱希特勒的副官馬丁・鮑曼偽裝成商人躲藏在阿根廷。歷經短暫的病榻生活，病逝於紐約，享年七十四歲。

就連死後的追悼文都被提到鮑曼，法拉哥，真是可憐啊。

之後《餘波》常以非小說類的偽造案例被提及，被說成是「非小說類的小說作品」、「結合事實與想像的仿真實小說」、「造假小說」等。

法拉哥發表「獨家報導」後十一年，西德《明鏡週刊》從東德高官手中拿到「希特勒的日記」，宣稱這個大獨家比鮑曼的生死之謎還不得了，「足以改變歷史」，然而不到兩週就被判定為偽造品。以這事件為題的《出賣希特勒》（*Selling Hitler*）書中也提到了法拉哥，將他的報導歸為同類。該作提到法拉哥刊登於雜誌的報導照片影中人其實不過是個阿根廷的高中老師，而且報導披露不久便發現了鮑曼的遺骨。另外，這本討論希特勒之死的名作的作者修・特雷弗・羅珀也說鮑曼的追蹤到此告一段落（暗指法拉哥目擊的鮑曼是假的，或是他自己捏造的）。該書敘述如下：

拉迪斯拉斯．法拉哥當然不同意。一九七四年，他在自己的著作得意地披露讓人不得不重新考量鮑曼還在人世的最新證據，不過由於該書是以宛如親臨現場的散文風格寫成，難以提高其可信度。像是：

「他回頭望著福格迪說：『看來，這位先生似乎需要picana。』迪塔退了幾步。他知道picana是什麼。沒錯，就是恐怖的刑具……」

法拉哥的《餘波》高潮就在鮑曼與法拉哥的會面，該書是這麼評論的：

法拉哥的想像力發揮到頂點的段落就在他與鮑曼在「玻利維亞南部的某處」——贖罪派修道團的僧侶經營的修道院附屬醫院裡——見面的場景。

我看到一個身材矮小的老人躺在大床上，三個柔軟的大枕頭支撐著他的頸部。老人口中念念有詞，眼神迷茫望著我。他提高音調喊了一聲，粗暴地命令我們滾出房間。他喊著「Damn it」，以不甚激烈但氣勢驚人的語氣說：「你沒看到我是個沒用的老人了嗎？為什麼不讓我靜靜死去？」

為了這種書，美國西蒙&舒斯特出版社居然付給法拉哥超過十萬美金的預付版稅。（摘自《出賣希特勒》六六至六七頁）

法拉哥的書裡確實有些值得稱作獨家的內容，但由於最大賣點——鮑曼還在人世的說法太過可疑，以致這個活躍長達半世紀的暢銷作家晚節不保。

德國歷史學博士吉多・克洛卜（Guido Knopp）在著作《希特勒的追隨者》（*Hitlers Helfer*）中評論追究鮑曼生死之謎的風潮，「**結果總是落得跟傳說中的尼斯湖水怪一樣的下場。一旦經過嚴密的調查，不是發現錯誤，就是發現造假。**」（摘自該書下卷一七八頁）

或許，法拉哥是選錯主題了吧？

法拉哥事件完全落幕

由於鮑曼的遺骨出土的時間點很可疑，因此直到一九九〇年代都還有（極少數）為法拉哥辯護（兼批判）的聲音，書也賣得還不錯。

鮑曼沒死在柏林的報導也不時零星出現。

一九九三年二月，路透社從巴拉圭亞松森發出消息，當地的新聞報導鮑曼於一九五六年進入巴拉圭，居住在德國移民聚集的小鎮。三年後，在一九五九年，因胃癌病逝於巴拉圭前西德領事館的住宅，身後葬在鄰近首都的城市。這則報導是根據一九六一年巴拉圭政府內務省外事局局長的報告寫成的（《朝日新聞》一九九三年二月二十六日）。

一九九六年十二月，法國法新社從羅馬發出消息，義大利左翼報紙根據第二次世界大戰的反抗組織調查指出，鮑曼透過納粹逃亡支援組織「奧迪沙」的協助，於一九五〇年進入義大利，並策畫奪回納粹預藏的財寶，然而不幸在一九五二年因「重病」死亡，最後以假名葬在義大利中部的墓地（《產經新聞》一九九六年十二月三日）。

讀者中有人造訪德國人居留區科隆尼亞・迪古尼塔特，也就是《餘波》提到的鮑曼位於智利的隱居所（有遊客因此被逮捕，諸君請勿模仿），然而，不久，就連最後一絲可能也被消滅，法拉哥的說法遭到了完全否定。

根據《餘波》內容，門格勒潛伏於巴拉圭。不過，事實上門格勒在一九七九年溺死於巴西並且葬在當地。為了確認身分重新挖掘出他的遺骸，也找到了他的遺族和鄰居，揭露了他戰後的生活，原來門格勒死前十七年一直都在巴西。而法拉哥主張門格勒在巴拉圭與納粹獵人進行攻防戰的說法，不過只是假情報，《餘波》登出的門格勒的隱居所和照片確定也是假情報。《餘波》的可信度這下更低了。

一九九六年，《餘波》出版二十二年，同樣主張鮑曼還在人世的一本荒謬著作出版了。這本《Op JB》（克里斯多福・克來頓〔Christopher Creighton〕著；日譯本書名《出賣納粹的男子》）描述德國外相里賓特洛甫（Ribbentrop）祕密通報英國政府，好讓英國情報局綁架知道德國預藏寶藏內情的鮑曼。

該書還提到，撰寫龐德系列小說的作者伊恩・佛萊明（Ian Fleming）曾從事情報工作，後來轉行當作家，而他曾參與的行動代號成了他作品的書名，也是他筆下的超級間諜的名字。另外目擊者見到的「鮑曼屍體」，其實是英國情報局準備了一具整形過的屍體。據說鮑曼在戰後接受了整形手術，長相已完全不同，紐倫堡軍事審判時，他還出席旁聽自己被處死的判決。而他在一九五九年死於巴拉圭，遺體被祕密埋在當初的「陳屍現場」附近，也就是日後在一九七二年發現的白骨。如此這般，這場世紀陰謀完美落幕。在《餘波》裡，鮑曼只是客串、只演出一幕，但在該作則是一直活躍在舞台上。

只不過就連該書的譯者落合信彥都評論道：「由於情節太過荒誕，或許有讀者會質疑該書的可信度，我讀完第一回時也覺得內容比較像約翰・勒・卡雷加上擅長驚悚小說的傑克・希金斯（Jack Higgins）再除以二的超一流娛樂小說。」落合在為該書所寫的譯者前言也指出，西蒙&舒斯特出版社支付五十萬英鎊的版稅給克來頓，在一九九五年十二月七日發行的英國《觀察家日報》曾報導此事。筆者確認後，發現該篇報導是刊於十二月十七日，而非七日，報導內容還提到了類似案例《餘波》以及希特勒的偽造日記，顯然對該書的內容有所質疑。

堂堂美國大出版社竟把如此愚蠢的故事當真並出版，這令鮑曼的遺族十分氣憤，他們主動提供身體細胞，要求與鮑曼的遺骨進行DNA比對，鑑定結果一致，證明戰後至今的所有目擊情報不過只是謠言。《紐約時報》以「透過遺傳學最新技術，馬丁・鮑曼的死終於得到證實」為標題，公布了這個結果（一九九八年五月四日）。

筆者是透過紀伊國屋書店的網路書店購買《Op JB》原著，這本書被書店歸類在「小說類」；美國亞馬遜網路書店的書評有人寫著：「被視作證據的文件裡有不自然的空白處，顯然是捏造的痕跡。」順帶一提，作者克來頓的前一本著作是紀實體小說。

美國歷史頻道也跟著話題起舞，推出節目《死者的祕密》（*Dead Men's Secrets*），探討鮑曼、穆勒等人的失蹤之謎。進行DNA鑑定後，白骨終於能夠火化，鮑曼的骨灰最後被灑在波羅的海，經過漫長的路程他的靈魂終於得以升天成佛。

出版商在前言表明，「作者克來頓保證本書逸聞都是真人實事，西蒙&舒斯特出版社決定出版本書。……請各位讀者透過自己的眼睛決定要相信什麼。」《餘波》發行前該出版社也發表過同樣的聲明，顯然他們沒有進步，也沒有反省。

不管你相信的是多麼誇張的陰謀論，總之，一九七二年十二月法拉哥在智利聽到的聲音，一九七三年二月在玻利維亞見到的鮑曼，都已經證實是假的。

介紹鮑曼的紀錄片《希特勒的調停人》（*Hilter's Fixer*）裡也提到了法拉哥，大意如下：紐倫堡軍事審判時鮑曼因生死不明而遭到通緝，《每日快報》獨家報導鮑曼的目擊消息，作者是法拉哥。鮑曼的兒子也說聽到「傳言」表示他父親還在人世。然而，鮑曼尚在人世的消息發表不久，文件即被證明是偽造的，獨家報導也失去可信度。同年，在柏林發現疑似鮑曼的白骨，鑑定結果證明是鮑曼本人；一九九八年DNA鑑定結果出爐，法拉哥淪為愚蠢的丑角。

另一方面，隨著南美的軍事政權陸續遭到推翻，南美逐漸走向民主化，進入二十一世紀後，阿根廷政府終於公開有關納粹戰犯逃亡的高機密檔案，真正的「奧迪沙密件」。結果，在公布的密件中找不到任何與鮑曼有關的資料。

鮑曼在紙條中提到的「建議往海外、往南移動一案，了解」，所謂的「南邊」指的可能是慕尼黑南部的車站，而非南美，他似乎沒有逃亡到遠方的計畫。

大約在一九四五年十月，CIC與鮑曼夫人見面，她說她先生在四月二十九日曾發電報透露自己的絕望：「一切都完了，我想已經沒救了。」她也說：「我想，我先生已經死了。」他實踐了日記裡的那段話，「我等將與總統奮戰到死」。

至於法拉哥的情報來源，別說是三十六號檔案了，難不成連他親眼目睹的鮑曼都是捏造出來的嗎？抑或是法拉哥落入了某人的騙局？法拉哥在玻利維亞見到的鮑曼究竟是誰呢？

我想真相應該這麼說：為了西蒙&舒斯特出版社支付的十萬美金，法拉哥必須讓這本書成為暢銷書，只好捏造「見到鮑曼」的故事，好提高鮑曼尚在人世的可信度。

這是為了迎合讀者好奇心與出版市場需求，媒體把子虛烏有的事當成「獨家」報導的最佳案例。

歐美出版界流傳著一句話，「無論在哪裡，只要談的是德國納粹，必定暢銷」。

《餘波》在全球發行了英德日等各國翻譯本，甚至還推出了上下兩輯的朗誦錄音帶，我撰寫本書時買到了僅存的一套下輯。也不知是何種因緣，竟讓我成了這世上的最後一位買家。一輯有七卷舊式大型錄音帶，內容十分具有收聽價值。朗讀聲緩緩傳來，不過在接近尾聲鮑曼出現的場景一句「Damm it（該死）」說得太快，惹人發噱。

「只寫出一半真相的書」

《阿根廷國內的納粹威脅》這本書除了調查美英德的檔案庫，也調查了阿根廷的檔案中心，描寫大戰前後阿根廷與納粹的關係。內容也提到第四帝國這個龐大組織其實是英國放出的假情報，目的是想利用美國徹底殲滅納粹分子。

納粹與阿根廷的相關資料多為杜撰、欺騙、偽造或宣傳品，讓人不得不以陷阱這字眼來形容。打開阿根廷的國家紀錄資料中心，如果有個冒牌鮑曼拿著鮑曼檔案第三六八號說：「法拉哥先生，讓您久等了，最新檔案正好完成呢……」那就太好玩了。如果歷任冒牌貨齊聚一堂，最資深的一號介紹，「我是鮑曼一號，旁邊這位是二號，三號去年去世，四號目前行蹤不明，五號最近剛抱孫子……」這樣就更有趣了！然後法拉哥氣極敗壞打開另一扇門，結果檔案上貼著「銘謝惠顧」……完了完了完了……法拉哥先生的著作本是像007那種正經的故事，這下不就變成《王牌大賤諜》、《笑彈龍虎榜》之類的惡搞諜報小說了。不，搞不好還會淪為《粉紅豹》等級呢——哎呀哎呀，一不小心我就胡思亂想起來。

《阿根廷國內的納粹威脅》裡提到一本叫《MI6》的書，書裡指出納粹第四帝國是英國情報組織MI6創造的，還有一段關於法拉哥的記述。

在與納粹有關的假情報裡，最著名的就是風格近似海明威的前美國海軍情報員，後來成為諜報小說家的拉迪斯拉斯·法拉哥。該人說話帶匈牙利腔，舉止優雅，他運用美國CIA與歐洲情報組織的豐富人脈，出版了一本只寫出一半真相的書。

三年前，二〇〇五年六月二十一日，《每日快報》前總編輯伊恩・麥克爾以九十歲的高壽過世，而競爭對手英國《衛報》在追悼新聞中寫道：「**在他擔任總編輯時代放出的兩則大獨家裡，有一條是完全的誤報。**」然後又提到法拉哥的獨家報導。都過了三十多年，那起事件居然還被當成話題，我還真是同情他們。

兒子約翰眼中的父親「拉西」，法拉哥的真實面貌

法拉哥的兒子約翰目前在紐約的大學擔任法律系教授，出版過幾本著作，也名列名人錄，父子兩代都可稱得上成功人士。

筆者針對他父親的性格、生活習慣以及《餘波》執筆前後的狀況進行採訪。

訪問開始，我說：「能訪問美國新聞領域的傳奇人物，不，堪稱是傳奇本身的法拉哥先生的家人，我備感榮幸。」約翰聽到他父親一九三八年的作品《探索阿拉伯》曾被翻成日文很驚訝，我說我有兩本日文版，可以送他一本，他相當高興。

奧菜　令尊在家中是怎樣的一個人呢？

約翰　我記憶中的父親個性溫和、親切、待人寬厚，並且隨時都保持幽默感。

奧菜　您覺得令尊的性格是否受到匈牙利的影響？

約翰　我父親在各方面都是匈牙利人，我也是接受匈牙利式教養長大的。

奧菜　令尊以前是情報員，這會影響到他的生活嗎？

約翰　我從父親身上絲毫感受不到情報員的氣息，但從他的作品可以看出這是大半輩子都活在對敵宣傳工作的人才寫得出來的。

奧菜　令尊在出版界是全球知名的暢銷作家，只有《餘波》這本書是失敗作，令尊生前對這本書曾表示任何感想嗎？

約翰　我們經常一起討論父親的書，當然也有不想提及的例外作品。您讀過我父親的著作，想必您也很清楚，父親的書內容大部分都是正確的，他寫出從沒有人發現的事實，有許多事都是因為他才被世人知曉。只是，關於鮑曼的事，父親並沒有清楚確認。而出版社誇張宣傳他的調查結果造成巨大壓力，他根本無力反抗。

奧菜　請談談在您心中令尊最優秀的作品。

約翰　我認為父親描寫故鄉匈牙利的作品寫得最好。

約翰指的是《來自匈牙利》（*Strictly from Hungary*）（West Holme出版社，二〇〇四年修正版；初版發行於一九六二年）。這本書可能是法拉哥漫長的作家生涯中唯一一本汲及私人的作品，初版附有約翰思念父親所寫的序，相當感人。「**法拉哥的兄弟在七歲生日時得到一個地球儀，結果壽星吵著說：『我要的是一整個地球都是匈牙利的地球儀！』**」文章開頭便顯示了匈牙利人超乎常理的民族情懷，十分逗趣。書中還提到匈牙利人並不認同「天動說」，而是自認「整個宇宙都是繞著匈牙利轉動」。至於這是實情還是法拉哥的笑話，我就不清楚了。

奧莱　我常在想，如果「拉西先生」（法拉哥的暱稱）還在世，有機會和他好好暢談一番的話，該有多好。只是很遺憾的，這心願無法實現。每次閱讀令尊的作品時，我彷彿感覺到他就在我身邊，好像能聽見他的呼吸似的。

約翰　我代替父親，謝謝您的美言。

原來如此，都是獨家報導披露時的失誤與媒體的誇大宣傳影響了他後來的發展，最後竟導致他在著作中塑造出一個活生生的鮑曼。

鮑曼並不是活在南美的隱居所，而是活在法拉哥的心中。

在《餘波》的壓軸，鮑曼出現在法拉哥眼前。那是法拉哥被赤道酷暑和高額版稅給沖昏頭，兩腳踩在阿根廷的陷阱與出版社的行銷策略之間被騙得飄飄然的時候，映在他眼中的海市蜃樓，是真正的仲夏夜之夢。

第三章　為什麼甘迺迪遇刺案的話題永遠無法結束？

「那時你在做什麼？」「那時你在哪裡？」歷史上發生過幾起重大悲劇，讓人不由得問自己當時在哪裡、做什麼。對美國人而言，那就像珍珠港事件和九一一事件。

除此之外，有一起事件衝擊性足以匹敵那些讓超級強國美國點燃戰火的悲劇。那起事件，與一個人的死有關。一九六三年十一月二十二日星期五，美國總統甘迺迪在德州達拉斯進行演講時遇刺身亡，這就是史上著名的「甘迺迪總統遇刺案」。案發三十年後，一九九三年十一月二十二日，美國ＣＮＮ電視台播出特別節目《那時你在哪裡？》，節目中請來前英國首相柴契爾、前美國總統福特、前美國國務卿季辛吉等重量級來賓，一起回顧那一天的情況。

依照官方說法，這起命案是曾經亡命蘇聯的前海軍士兵李・哈維・奧斯華德（Lee Harvey Oswald）單獨犯案。然而，就如同珍珠港事件美政府事前知情、九一一恐怖攻擊事件是美國政府自導自演等傳言，甘迺迪遇刺案也不斷傳出有陰謀論在背後操作的說法。這起事件有個奇妙的現象，與珍珠港或九一一事件情況類似，就是不斷有號稱「揭發遇刺案真相」的獨家報導出現，但最後判定都是假情報。除此之外，還有個怪狀況，那就是每年都有人跳出來爆料「是我槍殺了總統」，發表「震撼世人的告白」。案情愈來愈撲朔迷離，動不動就有人跳出來自稱兇手彷彿成了美國年中年末的例行活動，命案因這些謎團而陷入僵局……

★★★★★★★★★★★★★★★★★★★★★★★★★★

把甘迺迪遇刺案當「賣點」的日本電視台

日本朝日電視台的《北野武的應該如此特別節目》以特輯介紹英國前王妃黛安娜死亡車禍背後的陰謀論、九一一恐怖攻擊的疑點，引發大眾討論。二〇〇三年，甘迺迪遇刺滿四十年，在秋天播出的特輯證明了甘迺迪遇刺案背後一定有陰謀，隔年四月，甘迺迪與女星瑪麗蓮・夢露、黑手黨的關係終於曝光！然而，這種節目終究不可能「揭發美國政府的陰謀」，不過是二十一世紀版本的「川口浩叢林探險隊」（譯註：由藝人川口浩領軍深入叢林調查珍奇異獸的人氣綜藝節目。）罷了。

在介紹節目內容前，我先簡單說明案情。

一九六三年十一月二十二日，美國南部標準時間中午十二點三十分，搭乘長型豪華禮車在德州達拉斯市區遊行的美國第三十三任總統約翰・甘迺迪（通稱JFK，一九一七～一九六三年）遭到槍殺，不幸當場死亡，緊急送到當地醫院時已經回天乏術。

案發四十五分鐘後，在橡木崖（Oak Cliff）地區巡邏的達拉斯市警提皮特遭潛逃的嫌犯給射殺。當地警隊接獲通報，有一名疑似嫌犯的男子逃進德州劇場，便前往劇場搜索。一個沒買票進場的男子坐在最裡面的座位，警察上前盤查，他突然大喊「這下就全結束了」，說完從口袋掏出手槍毆打警察，當場遭到逮捕。

那男子名為李・哈維・奧斯華德，曾經亡命蘇聯，娶了俄羅斯女子瑪莉娜，後來夫婦一起回到美國。警方在槍擊案現場周邊進行搜索，在奧斯華德工作的德州教科書倉庫大樓發現暗殺凶器。

整整三天的拘留期間，奧斯華德一概否認犯行。案發兩天後，奧斯華德在押送途中被地痞傑克・魯比（Jack Ruby）射殺身亡。

由於「兇手」還沒招供就已死亡，導致事件疑點無法釐清，副總統林頓・詹森任命聯邦最高法院的首席大法官厄爾・華倫（Earl Warren）組織跨黨派的調查委員會，由華倫委員會（Warren Commission）調查整起事件。

彙總調查結果後，於隔年公布「華倫報告書」。報告書指出槍殺甘迺迪總統的犯行完全是奧斯華德個人所為，既沒有共犯，也沒有任何組織參與。魯比是出於愛國心才憤而殺死槍殺總統的嫌犯。盧比最後於一九六七年因癌症過世。

這是官方發表的說法。

然而，在那之後甘迺迪與美國的種族歧視主義者、右翼組織、石油界以及黑手黨的激烈對立，魯比與黑手黨有牽連等事實陸續浮上檯面，整起事件的疑點至今尚未得到解答。

節目製作單位自豪的「世界創舉」內幕

把話題帶回節目上頭吧。

第一回《甘迺迪遇刺四十年後的真相》，主題是利用最新技術解析甘迺迪遭槍擊瞬間的澤普魯德影片（The Zapruder Film）。或許有讀者看過甘迺迪頭部遭射穿的彩色影片。在當地經營服裝店的市民亞伯拉罕・澤普魯德（Abraham Zapruder）使用八釐米的家用攝影機拍攝總統的遊行隊伍，正好拍到槍殺前後的經過。後來的人把這段影片冠上拍攝者的名字，稱為「澤普魯德影片」。

為了再次檢驗整起事件，工作人員以為影片進行數位修正的名義，向美國國家檔案中心申請借出，但遭到拒絕。工作人員只好轉而向吉姆・蓋瑞森（Jim Garrison；電影《誰殺了甘迺迪》〔*JFK*〕原著作者之一）商借他手上的複本。他們在修正時同時播放了影片與記錄事件過程的錄音帶進行比對，結果發現影像與聲音並不一致，影片少了大約六格畫面。後來工作人員向專精影像解析的遇刺案研究專家羅伯・格羅登（Robert J. Groden）取得遺失的六格畫面，同時播放「完整版」的數位修正影片與錄音帶，發現子彈竟不是從犯人所在位置發射的，這發現與美國政府的調查結果不同，也證明了兇手不只一人。沒想到日本電視台的工作人員竟揭發了一場世紀大陰謀……。然而，各位讀者認為日本電視台可能會在黃金時段的綜藝節目揭發美國政府隱瞞ＪＦＫ槍殺案的真相嗎？這個看似發現真相的節目，內容其實有許多造假與陷阱。

節目介紹「同時播放數位修正後的澤普魯德影片與錄音帶」是「世界創舉」，嚴格說來，這個說法並沒有錯。然而，過去早就有人嘗試同時播放未修正的原版影像與錄音帶，這個實驗就收錄在探討遇刺案的錄影帶《ＪＦＫ遇刺真相》裡頭。

節目宣稱配上聲音的數位修正完整版影片「不可能在美國播放」。然而，雖然沒有配上聲音，但加了解說的數位修正影片的錄影帶和DVD早就在美國公開販售了。如果透過亞馬遜網路書店，在日本也能買到。錄影帶是NSTC2，DVD是Region-Free（全區碼）規格，就算用日本的硬體設備也能播放。商品名為《Image of An Assasination: Zapruder Film》（MPI出售）。

此版本缺少槍殺瞬間前後的「四格畫面」，而澤普魯德影片有數個版本在流傳。但節目所說的「完整版」真的「不可能在美國播放」嗎？事實上，提供缺失畫面的格羅登早在一九九五年就曾推出錄影帶，儘管不是數位修正版，但確確實實是「完整版」。「沒剪接過的影片」、「遺漏槍殺前後四格畫面之數位修正版」在美國早就公開販售錄影帶與DVD。雖說製作「完整版影片」很費工夫，但製作單位的說法未免太誇張了。

同時播放修正影片與聲音檔的「世界創舉」真的是值得如此吹擂的偉大作為嗎？其實這裡頭暗藏了嚴重的造假行為。

使用被駁回的證據

華倫委員會的調查結果是遇刺案沒有陰謀論在操作，但十五年後，一九七九年美國眾議院遇刺案調查委員會根據錄音紀錄推斷遇刺案是一場陰謀，最終報告指出「錄音證據證明甘迺迪總統極可能是遭到兩名殺手狙擊，科學證據無法排除有兩名槍手的可能」（摘自第六五頁）。文中提到的錄音證據，正是節目中介紹的錄音帶。

不過，節目恐怕是刻意迴避提及某件事。最終報告書一九七九年採用錄音紀錄做為證據，調查委員會的結論從「沒有陰謀」更改為「根據所有可能的證據推斷甘迺迪總統的遇刺案可能是陰謀策畫的結果，但尚無法具體確認其他狙擊手和陰謀的存在」。但打從錄音紀錄成為呈堂證供起，就不斷遭人質疑可信度。

錄音紀錄明明是在案發現場錄製的，卻隱約可聽見總統的目的地——世貿中心的鐘聲，有人懷疑收音的麥克風並不是放在槍殺現場。調查委員會推測遇刺案是陰謀後又過了兩年，美國成人雜誌《Gallery》隨雜誌附贈了收錄聲音紀錄檔的薄膜唱片（Sonosheet），結果一位讀者發現了連專家都忽略的細節。明明才發生遇刺案，但幾個警察卻若無其事地聊天，這個小發現推翻了錄音帶是槍殺案前後在命案現場錄下的可能。錄音帶因此被摒除在參考證據之列。

以「世界創舉」做宣傳、結合數位修正影片與錄音紀錄的影像檔，並非「揭發陰謀的證據」，而是任何人都能透過郵購買到的DVD影像再補上幾格畫面、配上二十多年前被駁回的證據錄音帶製作出的偽品。節目把六格畫面的消失說得像是有人想隱瞞證據，但畫面之所以出現短失，是時代生活出版社（Time Life）借閱時不慎弄傷影片導致的，這早已不是祕密。

為什麼朝日電視台要播出這種含糊且缺乏說服力的節目呢？

我想電視台很可能是被兩位遇刺案研究專家——羅伯・格羅登與吉姆・馬斯（Jim Marrs）給擺了一道。格羅登與哈里森・E・李文斯登（Harrison Livingstone）在合著的《叛國罪》（*High Treason*）一書中詳述錄音帶可信度遭推翻的經過，為什麼格羅登在著作中明明提了這件事，卻沒告知朝日電視台呢？李文斯登後來單獨出版《叛國罪二》，又在號稱是《叛國罪》第三集的《抹殺真實》（*Killing The Truth*）一書花了一個章節痛斥從前的合作夥伴羅伯・格羅登是垃圾，表示雖然《叛國罪》兩人一同掛名作者，但格羅登僅寫了五頁。後來他推出修訂版，並更名為《叛國罪一》，成為唯一作者。格羅登編輯的攝影集《暗殺總統事件》（*The Killing of a President*）和馬斯的《甘迺迪之死》（*The Plot That Killed Kennedy*）都採用錄音帶做為佐證，但他們都略去錄音帶的證據資格已遭撤銷一事不說。這是否代表格羅登與馬斯都是陰謀論者，兩人特意省略對自己不利的事不提？電視台是中了他們的圈套嗎？

我再提供一個訊息。節目中也提及，槍殺甘迺迪的兇手奧斯華德任職的教科書倉庫大樓現已改為「六樓博物館」，開放給一般民眾參觀。

一九九三年筆者曾去參訪過。在遊客進入大樓前，會先拿到語音導覽，也有日語版解說。其中配音員提到，「大眾只記得最初公布的『根據錄音帶判斷遇刺案是件陰謀』，卻忘了後來『錄音帶的可信度不足』，陰謀論的說法遭推翻。」節目工作人員曾去採訪博物館，難道博物館當時沒有提供語音導覽嗎？假使他們明知這個訊息還做出誤導真相的節目，就表示他們是刻意想讓節目更有看頭。

筆者詢問博物館人員：「在語音導覽中確實提到錄音帶的可信度遭推翻，但日本電視台卻把錄音帶視作陰謀論的證據，對此你看法如何？」對方回答：「我沒看過您說的節目，無法做評論。但錄音帶的可信度還有討論空間，相關研究也在持續進行，正反兩方都堅持自己的立場，至於哪邊才是正確的一方還無法判斷。」

該節目把歐美專家眾所周知的事實當成「機密」營造，節目中提到利用數位修正影片技術，發現畫面中有一名在晴天撐傘的「可疑男子」。該人名叫羅伊・史蒂芬・維特，在眾議院遇刺案調查委員會調查時曾以證人身分出庭，出示事發時他手上的那把傘。

原來這名男子是想諷刺總統甘迺迪那個動不動就撐傘的父親，前美駐英大使約瑟夫・甘迺迪（Joseph Patrick Kennedy），想讓甘迺迪想起定居多雨的英國的父親才這麼做，但節目中完全沒提及此事。

節目中還提到三十二名目擊者陸續死亡，死因可能與遇刺案有關，但這不過只是謠傳罷了（詳情後述）。

明知是偽造文件卻宣傳為「獨家報導」

五個月後，該節目再度推出JFK特輯《甘迺迪家族的陰謀與黛安娜王妃的悲劇》，又宣傳成獨家報導。他們宣稱從紐約的律師卡爾・皮爾生（Karl Pearson）手中取得一份「JFK極機密文件」，內容提及甘迺迪與女星瑪麗蓮・夢露的緋聞，他與黑手黨的糾葛。據說這份文件是甘迺迪的律師顧問，已故的勞倫斯・區查克留下的。節目中為這份「區查克檔案」進行筆跡鑑定，判斷是真品。接著又介紹甘迺迪與瑪麗蓮・夢露的手寫字條，內容提及甘迺迪付給瑪麗蓮・夢露以億為單位的分手費、瑪麗蓮・夢露知道甘迺迪與黑手黨的關係等，十分驚世駭俗，節目來賓鳥越俊太郎不禁感嘆地說：「這份文件竟是首次公開！」

然而，這份檔案其實是區查克的兒子偽造的，在TBS電視台的節目《CBS DOCUMENT》中介紹過這份文件，節目聘請的專家判定這是「偽品」。區查克後來以詐欺罪遭到逮捕，被判處十年刑期。

《週刊新潮》雜誌後來針對朝日電視台的這兩個節目做了追蹤報導（二〇〇四年五月六日、十三日合併號報導《「朝日新聞的日本首度公開」與「甘迺迪和夢露的偽造書信」》）。

以下為各位介紹幾段報導裡的評論內容。

日本屈指可數的甘迺迪遇刺案專家，曾出版《祕密工作——甘迺迪遇刺案：來自天堂的訊息》一書的城西國際大學教授土田宏：

「除了檔案，還有槍殺瞬間的八釐米影片遺漏的四格畫面，將以往調查人員判斷為無意義的訊息呈現得煞有其事。但當中有許多小錯誤。」

評論家戴維・斯派克特（David Spector）也針對區查克檔案提出以下看法：

「區查克被逮捕時話題炒得很熱。他使用不存在的郵遞區號，從使用的打字機型號也可知造假。捨棄關鍵部分不播，等同提供錯誤訊息給觀眾。從區查克檔案切入的確有趣，但我想必須在節目最後告知觀眾區查克最後被判有罪。」

節目來賓鳥越俊太郎評論：

「錄影時我是第一次看到，在此之前我根本不知道區查克檔案是什麼，但如果與事實不符，製作單位應做出更正才對。」

《週刊新潮》向朝日新聞查證，得到以下回答：

「偽造文書的嫌疑我們早已知道，所以才會聘請曾鑑定過甘迺迪筆跡的專家重新鑑定。我們想以獨創的方式尋找解答，以這種概念做出探尋真相的綜藝節目。」

也就是說，製作單位是在知情的情況下製作出與靈異節目沒兩樣的節目。或許我們不應把朝日電視台的做法看作「造假」，應該抱持著像在看娛樂節目的心態，像是看矢追純一主持的

UFO節目，或從前由川口浩、現由藤岡弘擔任領隊的祕境探險節目吧。或許是認真追究真偽的我太傻了吧？朝日電視台曾因涉嫌造假的企畫〈高中女生性虐待〉特輯導致節目《午間Wide Show》被停播，看來他們還是沒學到教訓。

陸續現身的「兇手」

難道只有日本的電影節目容許這種造假行為嗎？其實不然。甘迺迪遇刺案在美國也是眾說紛紜，再加上不斷有「真兇」跳出來自首，「是我槍殺了甘迺迪」、「是我父親殺死甘迺迪」、「作案用的來福槍是我準備的」、「我哥是遇刺案的主謀」、「我協助兇手」、「我見過兇手」、「我有兇手的照片」；美國的無期徒刑犯人也時不時有人發表「是我射殺了甘迺迪」等「震撼性發言」，每年有兩、三個人會自稱「已逝家人是暗殺成員之一」。

美國專門惡搞新聞的《洋蔥報》（*The Onion*）為了諷刺自稱是真兇以及遇刺案研究專家指出的「關鍵嫌疑犯」實在多不勝數，以全版報導了甘迺迪遇刺案。

CIA、黑手黨、卡斯楚、詹森、貨車司機公會、共濟會槍殺了甘迺迪總統！

總統合計被來自四十三個方向的一百二十九發子彈擊中！

德州達拉斯電——在達拉斯市區遊行的甘迺迪總統遭ＣＩＡ、黑手黨賈恩卡納（Giancana）的犯罪組織、古巴強人卡斯楚、詹森副總統、共濟會、貨車司機公會的手下等槍手狙擊。目擊者指出，甘迺迪的長型豪華禮車抵達戴利廣場時，總統的頭、胸、腹、手臂、四肢、背部以及臉部均遭到槍擊，行凶時間從中部標準時間中午十二點半起持續到十二點四十三分。

達拉斯警察一共押走四十三名嫌犯。

報告指出，賈恩卡納的犯罪組織成員從碧草丘射擊，ＣＩＡ情報員從遊行路線旁的大樓攻擊，古巴人從俯瞰戴利廣場的天橋射擊，為工人運動領袖吉米・霍華（Jimmy Hoffa）工作的菁英狙擊部隊埋伏在橡樹上攻擊，「單獨犯案者」從德州教科書倉庫大樓攻擊，幕後政府的狙擊小組從圍籬後攻擊。「忌妒甘迺迪受婦女歡迎的丈夫協會」成員則是沿著遊行路線，從人行道的十三處地點發動攻擊。詹森僱用的殺手在豪華禮車通過時從柵欄後射擊，德州州長約翰・康納利（John Connally）則在禮車內以藍波刀割斷總統喉嚨。

身受重傷的甘迺迪總統被緊急送到附近的帕克蘭紀念醫院，由詹森手下的醫師團為他進行手術。中部標準時間下午兩點十八分，醫師團宣布總統死亡。

遇刺案三十年後，一九九三年，政府在槍殺現場舉辦官方追悼儀式，之後犯罪研究專家也在現場舉辦「追究真相典禮」。筆者當時正好在美國，兩場典禮都到場了。專家在典禮上一一舉出遇刺案的謎團，開始時太陽還高掛天空，結束時太陽已經西下。這起命案尚未釐清的疑點如此之多，就像俗話形容的，「等話說完太陽都下山了」。

儘管官方一再強調遇刺案背後沒有陰謀，但為何甘迺迪遇刺案在美國國民心中仍是未解之謎呢？為什麼會出現那麼多的冒牌貨呢？

犯罪動機不明的兇手「奧斯華德」與不團結的華倫委員會

「兇手」奧斯華德一生充滿謎團，一九三九年十月出生的他是遺腹子，由離過兩次婚的母親一手帶大。奧斯華德幼時親近的叔叔是黑手黨的下級成員，有人說他是因此才被黑手黨盯上。

奧斯華德高中休學後加入海軍，曾駐守在日本的厚木基地，負責監控最新型偵察機U-2的起降。海軍退役後，一九五九年十月他前往蘇聯，但不到三年就對蘇聯生活失望，一九六二年返回美國。後來他參與過反美親古巴行動，曾暗殺反共的將軍。甘迺迪遇刺前兩個月，奧斯華德想經由古巴逃到蘇聯，便前往墨西哥的蘇聯大使館、古巴領事館，但要拿到簽證要等上數月，遂放棄潛逃蘇聯的念頭。沒多久他槍殺了甘迺迪，逃跑過程中射殺了一名警察，最後遭到逮捕。兩天後，他被黑手黨下級成員魯比射殺身亡，犯案動機尚未釐清就已結案……

華倫委員會公布調查結果，「奧斯華德與魯比都是單獨犯案，遇刺案背後沒有陰謀。」但如同各位所知，至今世人依舊對遇刺案的真相討論不斷。

華倫委員會組織內部並不團結，會議出席率不佳，成員對案情的投入程度不同。

事實上，委員會一開始就鎖定了偵查方向，但他們的目的不是想「隱瞞陰謀」。因為如果公開奧斯華德曾投靠蘇聯、潛逃古巴未遂、他的背後可能有蘇聯支持等訊息，極可能會引發核彈危機。因此，「為了消弭國人的不安」，委員會倉卒做出他是「單獨犯案」的結論。

後來，眾議院遇刺案調查委員會查出CIA與FBI都對華倫委員會有所隱瞞，即便如此，經過華倫委員會、洛克菲勒委員會（Rockefeller Commission）、邰吉委員會、眾議院遇刺案調查委員會，官方四次進行調查，仍然沒找到支持陰謀論論點的證據。於是不滿官方調查結果的人們變成「遇刺案研究專家」，民間人士和媒體記者至今仍舊持續追查……。雖然沒有公布全部真相，但保證背後沒有陰謀；政府當局的這種說法難怪會啟人疑竇。

華倫委員會以「單獨犯案」結案四十四年後，案情出現變化，如前所述，陸續出現多名「真兇」，但直到目前都未發現決定性的證詞或證據。此案光是要簡單介紹代表案例就得花上數十頁篇幅，以下就讓我簡單地向大家介紹事件始末吧。

電影《誰殺了甘迺迪》原著作者候選人告白：「我死去的父親是遵從ＣＩＡ的命令槍殺甘迺迪。」

一九九〇年八月，一位居住於德州的青年里基・懷特召開記者會並發表驚人言論：「我過世的父親羅斯科・懷特就是槍殺甘迺迪總統的兇手。他接下ＣＩＡ的命令，擬定暗殺計畫。」

里基的父親羅斯科・安森尼・懷特是奧斯華德在海軍服役時的同事，也是朋友。遇刺案發生時，他在達拉斯警察局擔任警官。根據里基的說法，他接下ＣＩＡ的命令，埋伏在碧草丘開槍射擊甘迺迪總統。

里基的舉發內容是根據父親的「暗殺日記」，他罹患肺癌而不久人世的母親珍妮佛知道整起事件的來龍去脈。

根據珍妮佛的說法，她丈夫羅斯科・懷特是ＣＩＡ的祕密殺手，暗殺總統之前，他因執行任務暗殺了十個人以上。

懷特與奧斯華德曾經一起駐守在菲律賓的蘇比克海軍基地與日本的厚木基地，兩人因而結識。

有物證顯示兩人的交誼。有張被稱作「暗殺裝備」的著名照片，奧斯華德手持犯案凶器來福槍，讓妻子瑪莉娜拍攝了數張照片。案發後，照片被媒體公開，攝影週刊《生活》（*Life*）曾用這些照片做封面。而其中從未公開過的第四張照片是在懷特家發現的，照片被眾議院遇刺案調查委員會列為調查資料，提供者註明是懷特，這是千真萬確的事實。

珍妮佛與奧斯華德也認識，懷特與他練槍時，珍妮佛偶爾也會同行。她說奧斯華德的射擊技巧並不是很好。

美國《時代》雜誌在甘迺迪遇刺案二十五週年，一九八八年十一月二十八日發行的雜誌中刊登了傑克・魯比與脫衣舞孃的合照，那個脫衣舞孃就是珍妮佛，攝影師則是羅斯科・懷特。案發前珍妮佛在魯比店裡工作，魯比與她先生計畫暗殺總統時她碰巧撞見。因為發現丈夫與魯比俱樂部裡的女性員工蘇有曖昧關係，她去了一趟俱樂部。

「我決定去俱樂部辦公室找他們，一點心理準備也沒有，聽到門內有說話聲，就豎起耳朵聽。

「他們談的不是蘇的事，我聽到了天大消息，那就是暗殺甘迺迪的計畫。

「我嚇得當場呆住，那時門突然打開，魯比抓住我的手，把我拖進辦公室，問我先生『現在該怎麼辦』。

「我先生說：『不要傷害她，請原諒她，看在我兩個孩子的份上。』」

魯比威脅珍妮佛，如果吐露一字一句就會對孩子不利，並強迫珍妮佛接受當時常見的治療精神疾病的休克療法（Shock Therapy）以消除她的記憶。

根據懷特的日記與珍妮佛的證詞，這就是事件經過。

甘迺迪對美國有危險，必須除掉；長期擔任CIA祕密情報員、在全球進行暗殺任務的懷特接到了這項命令。

狙擊小組含他在內共三個人，成員各有暗號，懷特的暗號是「北京」，另兩人分別是「首爾」與「黎巴嫩」。被分配在碧草丘的懷特以一發子彈擊中甘迺迪的頭部，完美達成任務。事發後提皮特（官方說法中遭奧斯華德射殺的警察）讓懷特上警車，然後開車到奧斯華德自宅，載他到南部的紅鳥機場。途中，提皮特發現兩人與遇刺案有關，與懷特在車上吵了起來，懷特當場擊斃提皮特，奧斯華德則喊著「我被騙了」逃離現場。事件當天，珍妮佛聽說「有警察被打死」，還在擔心自己的丈夫。沒想到打死警察的不是別人，正是她丈夫。那晚，懷特穿著制服讓妻子拍照留念。

之後懷特試圖脫離CIA，但不被允許。珍妮佛也接到恐嚇。幾個月後，懷特在焊接時瓦斯從火口把手漏出，懷特全身遭火燒灼而死。死前他告訴妻子自己的死不是單純的意外，他以自己的死交換，好讓對方不對妻兒下手，他是被CIA高層害死的。珍妮佛在事件過後接受休克療法，失去記憶。她在一九九〇年四月因心臟病發作，自知風燭殘年，於是與兒子去拜訪牧師，牧師為她催眠後，喚醒她的記憶，成為這次告發的契機。

里基向FBI提報父親留下的「暗殺日記」，結果原始資料都被沒收。他接受過測謊，判定沒有說謊。雖然物證都已經消失，但間接證據十分齊全。

達拉斯當地組成了一個支援懷特的組織，名為「MATSU」。剛成立的JFK槍殺資訊中心也接受他們的說法，給予大力支持。

在日本也成話題的美國記者「獨家報導」

美國記者隆・雷特納鍥而不捨的結果，成功訪問到里基・懷特與他死期已近的母親珍妮佛・懷特，這篇報導傳送到全世界。日本《現代》月刊在一九九一年二月號以「獨家授權『震撼報導完全刊登』」做宣傳，文章標提是「**案發後二十七年才被推翻的二十世紀最大謎團『甘迺迪遇刺案』真相**」。隔年三月號，作者雷特納的訪問報導〈與「甘迺迪遇刺案」相關的五十一人為何接連死亡？〉中，提到追查這起陰謀的記者、目擊者接連橫死，內容驚悚而引發讀者廣大迴響。買下版權的日本出版社講談社積極操作，在同年一月十八日號的《Friday》週刊刊登標題為「**甘迺迪的『槍殺遺體』說出二十七年的真相**」的報導，大肆宣傳「二十世紀最大『謎團』終於解開」。

里基召開記者會時，FBI與CIA也派員出席。他們秉持一貫態度否定里基的說法，表示案發時才兩歲的男子證詞不足採信。

雷特納針對被沒收的日記詢問ＦＢＩ人員，他們嗤之以鼻地說：「沒看過也沒聽過日記的事」，但當雷特納提到里基通過測謊一事時，他們突然改變態度，表示「不予置評」。雷特納詢問華盛頓特區的ＦＢＩ人員，負責人說：「噢，我只記得在一九八八年調查過（日記），其他沒什麼可說的。」

朝日電視台新聞節目《Sunday Project》報導了這起事件，在節目中展示懷特持有的暗殺命令的影本，上頭寫著：「**北京，前往達拉斯。在所屬單位待命。合約隨信附上，按照計畫進行。**」節目製作單位前往達拉斯警局，確認遇刺案發生時懷特是否在警局任職。

雷特納也出現在節目上，發表以下評論。

「只要你見過他（里基・懷特），你會知道他非常誠實。都三十歲了，親友還是喊他小少爺，他不會說謊。如果說這件事有陰謀，他也是受牽連的那一個。他父親很愛國，認真執行任務，卻被剝奪性命。他們只是想揭露真相，讓大家知道ＣＩＡ的勾當罷了。」

懷特母子豁出性命揭發真相，金像獎導演奥利佛・史東（Oliver Stone）大為感動，願意支付七十五萬美金買下電影版權，之後拍成電影《誰殺了甘迺迪》（*JFK*）打破票房紀錄……這當然不是事實。如前一節標題所示，史東原本確實打算支付懷特母子高額的電影權利金，把這件事搬上大螢幕，但後來他改變計畫，決定以二十五萬美金買下吉姆・蓋瑞森的《跟蹤刺客》（*On the Trail of the Assassins*）的電影版權，並參考吉姆・馬斯的《甘迺迪之死》寫成腳本。電影不是以懷特一家人當主角，而是紐奧良的地方檢察官吉姆・蓋瑞森。

史東唯一認可的傳記《奧利佛・史東自傳》（*Stone*）中沒提到這件事。

其中究竟是發生了什麼事？

破綻出現

儘管沒有直接物證，但有許多足以支持懷特母子的間接證據，然而，他們的舉發仍在不久後瞬間褪色。

《現代》雜誌刊登的雷特納的報導，是根據倫敦《週日郵報》雜誌於一九九〇年八月號刊載的懷特母子的訪問寫成，四個月後《現代》刊登該報導的翻譯加解說，就在那兩個月前，《德州月刊》十二月號就此事刊登了〈我就是北京〉一文。

但該篇報導的基調與雷特納相反，一開始就寫明「**我在某個怪地方聽到一個荒謬的故事**」，嚴厲批評了懷特母子的告白，形容「**簡直就像肥皂劇女主角的故事**」、「**矛盾之處多到令人咋舌，充滿了不可能的偶然**」、「**這件事如果是小說那也未免太無聊了，光讀一頁就讓人**

想丟書」等。

報導所做的澄清，使得高興事件已經真相大白的群眾大失所望。

寫手葛瑞・卡特萊特（Gary Cartwright）表示珍妮佛的證詞確實可信的，只有珍妮佛的丈夫與奧斯華德在海軍隸屬同一隊（但他們的同事有七千人，兩人相識的證據只有她的說詞），以及一九六三年年底懷特在達拉斯警局擔任警官，她在魯比的卡樹爾俱樂部工作。

卡特萊特與里基見面，發現他雖然已經三十歲卻還像個孩子，經常說出令人不解的言論，例如，他說日記藏在鞋櫃這個「歇斯底里（Hysterical）的場所」（應是「歷史性（Historical）」的口誤），還說這太不尋常，太明顯了。卡特萊特懷疑里基雖沒說謊，但他很可能是誤信了母親編造的故事。

卡特萊特從里基口中聽到，他十幾歲時有天母親外出，他在家中櫃子找到許多舊照片，像是奧斯華德的驗屍照片、他的假名身分證明書，以及他手持來福槍的照片。

多名達拉斯警局職員影印遇刺案的相關資料做為個人收藏，這是眾所周知的事，也就是說，在懷特家發現的「第四張照片」很可能並不是奧斯華德與羅斯科相識的證據，只是他跟其他同事一樣私藏資料罷了。事實上，眾議院遇刺案調查委員會拿到的「第四張照片」，除了懷特提供的照片，還有一個版本是名叫史特巴爾的人提供的。

報導最後提到珍妮佛是在車庫發現羅斯科的第二本日記，記錄時間從一九五七年持續到一九七一年，共十二年。但日記從頭到尾都是用同一枝毛氈筆所寫，筆跡也不是羅斯科的。日記最後提到他接到侵入水門大樓的命令，但他拒絕了那項任務。然而水門事件（作者註：一九七二年六月十七日，共和黨尼克森的屬下為了竊取民主黨的選舉情報，裝置竊聽器，侵入民主黨選舉總部所在的華盛頓水門大樓，遭到逮捕。沒有證據證明事件與尼克森有關，但他試圖掩蓋壓下這個案子，因此遭彈劾，最後下台。）發生在最後一篇日記標示的日期隔年，也就是他死後十個月才發生，邏輯上並不合理。轉行做文字工作者的前ＣＩＡ人員約翰・史塔威爾（John Stockwell）看到日記後斷定為偽品。

卡特萊特在報導中推論，日記應是不久人世且為錢所苦的珍妮佛偽造的。

無法通過詳細檢驗的「世紀揭密」

遇刺案研究專家之後仍持續追查。

懷特與奧斯華德在海軍服役時曾在同一地區執勤，但駐守在菲律賓的蘇比克灣海軍基地時，懷特在汽車維修學校上課，奧斯華德的小隊則是在港口接受檢疫；搭乘航空母艦BOXER停靠日本時，船上有數百名士兵；駐守厚木基地時期，奧斯華德被分配到負責雷達的安檢嚴格的部門，懷特沒有相關經驗，兩人被分配到同一單位的可能性極低。

訪問他們的老同事，也沒找到兩人相識的證詞。再說，懷特在海軍服役時接受的訓練是觀測砲彈發射前高空的天氣狀況，不能保證他有狙擊技巧。

懷特母子一直拿《時代》雜誌刊登的那張合照當作「認識魯比」的證據，雷特納在報導中提到「魯比有張與脫衣舞孃的知名合照，《時代》的記者還在文中質疑『魯比是不是想利用這個脫衣舞孃做不在場證明？』」。但筆者找出那期雜誌查看後，發現雷特納引用的圖說的前一句，寫著「魯比在面試舞者」，攝影師則為「Jimmy Rhodes」。

這張照片根本無法證明珍妮佛曾在魯比的俱樂部工作。況且，攝影師也不是羅斯科。

研究專家訪問了一些曾為魯比的俱樂部工作的舞者，但沒有人知道珍妮佛的事。

筆者出版《槍殺甘迺迪——隱瞞與陰謀》一書時，也曾就懷特母子的說詞進行檢驗。

懷特母子的主張重點在是羅斯科射殺了提皮特。筆者讀了華倫委員會的報告書，找到提皮特遭槍殺時的目擊者證詞。雖然目擊者對子彈數量的說法並不一致，經整理狀況大致如下：

> 警車速度緩慢地在巡邏，停在一名穿著鮮豔工作服的男子旁。警察喊住他，走出警車，不帶戒心地與男子交換了三言兩語，結果男子突然掏出手槍朝警察開了數槍，警察以手壓住腹

部倒地，現場一片血海。男子看著警察，口中念念有詞說「笨警察」、「垃圾警察」，然後逃離現場……

至於懷特母子的說法如下：

三個男人從警車下來，分別是提皮特、懷特以及奧斯華德。懷特與提皮特發生爭吵，懷特槍殺了提皮特，奧斯華德喊著「我被騙了」逃離現場……

我讀了目擊者證詞好幾遍，都找不到現場有三名男子，或是奧斯華德喊著「我被騙了」的證詞。如果是懷特射殺了提皮特，照理說證人不可能會忘了「警察射殺警察」這種震撼畫面才對。根據珍妮佛的說法，懷特在遇刺案當晚，說是為了留念叫珍妮佛幫他照相，照片中的他穿著警察制服。可見他從白天執勤、行刺總統，一直到晚上都穿著制服。難道他只在殺害提皮特時換上鮮豔的工作服？

此外，目擊者進行指認時，他們都說兇手是奧斯華德。奧斯華德與懷特外表一點也不像，由此也可判斷懷特是兇手的說法不可能成立。

筆者一九九三年去過達拉斯的槍殺現場，也參觀了JFK槍殺資訊中心（現已關閉）。館內將奧斯華德那張「暗殺裝備」照片放大成真人尺寸，開館期間一直播放澤普魯德影片，十分迎合好事者的口味。地下室有日本風的壁畫，還畫上一條紅線，讓人聯想到血痕，據說含意是為甘迺迪的靈魂哀悼。另外還展示了懷特的照片和前述的「CIA殺人命令電報」。筆者興致勃勃地看著，但一旁的文字解說註明這些不是原本。由於原本已經破損老舊，展品都是複製品。

電報原本由支持懷特一家的組織「MATSU」保存，部分成員把電報送去鑑定，發現紙張是廉價的新聞紙，內容是用打字機處理的。依里基的說法，這份電報一直存放在祖父家。那棟房子發生過火災，但放大檢驗後沒找到煙熏的痕跡，鑑定結果是「偽造品的可能性很大」，導致部分成員脫離組織。

對甘迺迪遇刺案抱持疑問的團體在自行發行的電子報中，提到達拉斯市情報局寄給米德蘭地方檢察官的解密文件裡有里基與FBI之間的聯絡紀錄。

文件記載，里基發現父親的日記，聯絡了FBI，告知父親與甘迺迪遇刺案和奧斯華德的關係。FBI人員聽了他的證詞，看過日記。但奧斯華德與懷特雖一同在加州愛爾多羅（El Toro）海軍基地服役，但無法證明他們相識，而日記上也沒有記載里基透露的內容。由於無法證明兩人的關係，FBI停止調查。

雷特納詢問FBI日記的事時，對方回答：「噢，我只記得在一九八八年調查過（日記），其他沒什麼可說的。」雷特納暗示對方話中有所隱瞞，但筆者認為事實上對方只是想說「什麼都沒查到」吧。

在美國國家紀錄保管中心有ABC電視台寄給里基的信件，上頭寫著「本台節目製作單位判斷您寄來的照片與信件無法使用，隨信將資料寄還」，落款日期是一九八五年八月十五日。這表示里基很久以前就試著將父親的資料賣給媒體，但遭到拒絕。

確認了懷特的工作紀錄，發現他一九六三年十月七日在達拉斯警局是負責攝影文書工作，甘迺迪遇刺案發生當年的十二月十一日，他進警察學校接受訓練，隔年二月畢業，升遷為巡邏警員，拿到警員制服。也就是說，珍妮佛宣稱「懷特在槍殺甘迺迪那晚為了留做紀念，要她拍下自己穿著制服的照片」是不可能的。如果她的說法屬實，那擔任內勤職員的羅斯科應該是自費購買警察制服，假扮巡邏警員殺人，這簡直像是悲喜劇的劇情。

羅斯科警察學校的同事也作證，他從沒提過奧斯華德，案發當天舉止也不見異常。

此外，遇刺案當天懷特被徵調支援達拉斯北部的民宅強盜案，他當天的搭擋也證實他不可能有時間趕到槍殺提皮特的地點。

華倫委員會資料集裡，找到遇刺案發生該月，一九六三年十一月的達拉斯市警局的人員配置表「Batchlor Exhibit No.5002」。其中「White, R.A.」是寫著「Recruit Class No.79（Awaiting School）」，證明羅斯科當時還未被正式分發。

提皮特的妻子也表示不認識懷特。

羅斯科的兄弟則作證珍妮佛是為了錢才偽造日記。

遇刺案研究專家大衛・佩里（David B. Perry）查知，懷特過世後他的家屬以及和他同時燒傷的同事里察・阿達亞，曾向肇事的揮發性溶劑的製造公司提出告訴，要求賠償。

從裁判文件可知事發狀況，懷特在進行焊接工作時，融解的金屬掉進裝有揮發性溶劑的罐子，導致爆炸起火，懷特與同事都受到嚴重灼傷。事實與珍妮佛所說的「瓦斯從火口把手漏出」並不相符。

佩里針對火災現場的狀況一共訪問了五個人，包括阿達亞等四名目擊者與一名目擊者的遺孀。據說懷特全身著火飛奔到車道上時，曾向附近的人道歉是自己的疏失導致火災，說是在工作中引發火災。

由此可知，羅斯科的死與陰謀或神祕事件無關。

要如何捏造出一樁陰謀呢？

至於懷特母子的故事是依據什麼編出來的，大致可以想見，條列如下：

＊埋伏在碧草丘的殺手身穿警察制服——一九八八年英國電視節目《槍殺甘迺迪的男子》聽取在監獄私售麻藥的克里斯汀・大衛的證詞，以兇手是科西嘉黑手黨的刺殺小組為論點，此節目也曾在日本朝日電視台的《Tonight》節目播放。節目中針對槍擊瞬間的照片進行電腦分析，確認碧草丘上有像穿著警察制服的人，嘴巴一帶煙霧瀰漫。那之後「此人」被專家稱為「配帶徽章的人」（因為似乎配戴著徽章）。

但分析者似乎對自己的分析結果沒有自信，在開場白提醒觀眾「需要一些想像力」。節目播放後有人質疑，對當地環境不熟的義大利人可能在達拉斯假扮警察進行暗殺嗎？那些至今尚在人世的「真兇」對克里斯汀・大衛的證詞一笑置之，因為案發當天他們都在軍中服勤或服役，有不在場證明，可見這情報是捏造的。

＊提皮特讓懷特搭上警車，再到奧斯華德的公寓，送他到機場——奧斯華德的房東馬琳・羅勃茲太太作證奧斯華德回到家時有警車在屋外，還鳴了兩聲警笛，車裡有兩名警官。從她的證詞衍生出提皮特協助奧斯華德逃走的陰謀論。但羅勃茲太太多年後接受訪問時沒再提到警車的事，而且發現她因為罹患白內障視力很差，嚴重到「看電視時有人用抹布擦電視螢幕也不會發現」的

程度。她告訴華倫委員會車身上有號碼，但從她坐在客廳的位置照理說看不見車身號碼。又，她告訴FBI的車身號碼與之前的證詞不同。她其他的證詞顯然也混雜著幻想，編造出「幽靈警車」。

＊代號「首爾」的人物參與了刺殺行動——一九七五年出版的《達拉斯的會面》（*Appointment in Dallas*）一書作者訪問到殺手「首爾」，書中「首爾」的樣貌描述神似奧斯華德旅居墨西哥時期CIA提出的證據照片的主角，很可能是奧斯華德的替身。首爾說遇刺案主謀是詹森，但該書作者也表明沒有證據能證明首爾的說詞。

＊提皮特遭射殺的地點，包含他在內有三個男人在場——一名華倫委員會沒有傳喚的目擊證人阿琪拉・克雷蒙斯指稱，當時在現場的還有一名矮胖的男子和一名瘦高的男子，矮胖的男子射殺了提皮特。陰謀論支持者將此證詞當成重要證據，完全沒考慮到她是因罹患糖尿病視力不佳，FBI才沒有聽取她的證詞。而且她的證詞，與其他十二名目擊證人不符。

＊魯比與提皮特是友人——聽說魯比在聽到提皮特遭射殺的消息後，曾喊道：「我認識那警察！」但達拉斯市警有兩名姓提皮特的警察，分別是J. D.提皮特與蓋爾・M・提皮特。魯比認識的是蓋爾・M・提皮特，證人也如此說明。事後，將死者提皮特的照片拿給魯比經營的卡榭爾俱樂部的工作人員指認，但沒人認得他。儘管如此，兩人是朋友的謠傳已經不脛而走，成為遇刺

案都市傳言之一。

另外，專家大衛・佩里推測「懷特的日記」是在一九八九年十一月到甘迺迪槍殺研究中心公布訊息的一九九〇年八月六日之間寫成的，因為內容的錯誤與那之前出版的相關書籍一致。

這幾點可證明這件事不僅是捏造出來的，且捏造者根本對甘迺迪遇刺案認識不深。

雷特納竟被這種程度的造假所騙，簡直是丟光了臉。報導日譯版刊登之際，已經有很多人懷疑造假，但《現代》雜誌還是大剌剌地刊登了懷特母子的告白與雷特納單方面的評斷，看來該雜誌編輯部也同樣缺乏判斷力。

把「都市傳言」當成獨家報導，缺乏判斷力

《現代》雜誌根據雷特納的訪問寫成的報導〈與「甘迺迪遇刺案」相關的五十一人為何接連死亡？〉也是一則相當離譜的「都市傳言」。

「陰謀」目擊者陸續橫死的傳言之所以廣為流傳，是因為遇刺案研究專家馬克・萊恩（Mark Lane）的陰謀小說開頭以及改編電影《高機密任務》（*Executive Action*）的結尾是這麼介紹的：

> 甘迺迪總統與李・哈維・奧斯華德遭殺害後三年間，達拉斯市警、FBI或被華倫委員會傳喚的證人中已經有十八人死亡，其中有六人是遭槍殺，三人遭遇交通事故，兩人自殺，一人頸部遭割斷，一人遭空手劈擊致死，三人心臟病發，兩人自然死亡。
>
> 倫敦的《星期日泰晤士報》委託我用電腦計算十五名死者的餘命率，從一九六三年十一月二十二日到一九六七年二月十五名證人全部死亡的比率為十京分之一，也就是100,000,000,000,000,000分之一。（引用自多納得・福利德與馬克・萊恩合著的《高機密任務》開頭）

一般認為，他們之所以死亡是因為有某種力量運作導致，這事無庸置疑。內容搜集了全世界奇人軼事的《人物年鑑》（*The People's Almanac*）一九七五年的版本中，在「遇刺案」類別對於甘迺迪總統一案便如此介紹。

但這個觀點在十餘年後被修正了，現已知道那純粹只是謠傳，但事實卻鮮為人知。

《星期日泰晤士報》於一九六七年二月二十六日刊登的〈橫死〉一文引發話題，但事後編輯部寄了一封信給眾議院遇刺案調查委員會，為錯誤報導一事表達歉意。因遇刺案接受調查或作證的民眾多達數千人，該報沒有調查所有證人的死因，只是選取出（被視為）意外死亡的證人，計算他們的平均剩餘生命，這種做法被視為「新聞記者不謹慎的失誤」。因為「陰謀目擊者」中有人壽終正寢，也有許多人至今仍然在世，編輯部的調查方式是典型的「見樹不見林」。

華倫報告書長達八百八十八頁，證明資料共有二十六卷超過二萬頁，委員會文件共計一千五百五十三份超過五萬頁。由於資料龐雜，一般人想知道事件全貌近乎不可能。這種時候，就得輪到「遇刺案研究專家」上場了。但委員會調查方式有問題，研究專家當然也可能出錯。某人讀完整份資料後，如果他的整理被其他專家視為「事實」、「指標」、「共同基本認知」，他的粗心錯誤自然也會成為「事實」，從而滋生出許多「神話」。這種情形即使是到了網路興盛的現在也沒有改變。

「短壽」且「虎頭蛇尾」的「歷史大獨家」

里基召開震撼記者會後僅僅三週，遇刺案研究專家大衛・佩里與葛立・馬克根據調查結果向里基報告：「我們確定你父親不是槍殺甘迺迪總統的兇手。」他們原先期待看到里基高興的反應，但里基卻連一句「你們如何證明我父親無罪？」也沒問，馬克因此確定「這果真是一場騙局」。

最後導演史東打消支付懷特母子七十五萬美金購買電影版權的決定，轉而以二十五萬美金向吉姆・蓋瑞森購買《跟蹤刺客》的電影版權。

與史東一起擔任電影製片的艾瑞克・漢堡（Eric Hamburg）在著作《甘迺迪、尼克森、奧利佛・史東與我》（*JFK, Nixon, Oliver Stone & Me*）中也提到了懷特母子的事，「有些部分顯然不是事實，故事應是利用許多不實謠傳拼湊出來的」。

大作《探尋甘迺迪遇刺真相》（奧利佛・史東、札卡利・斯卡拉〔Zachary Sklar〕等著）一書詳細記載了事件的始末，內容集結《誰殺了甘迺迪》的電影腳本和電影上映後衍生出的爭議文章。其中只有在腳本註釋的兩個地方提到懷特家，分別是懷特母子提供照片給眾議院遇刺案調查委員會，以及以下描述：

> 許多人認為成員包含懷特的兒子與遺孀在內的德克薩斯團體，只是沽名釣譽之徒。他們在一九九一年提出「證據」，想證明懷特是幕後真兇，然而大部分證據後來都發現為假情報。
> （摘自大衛・B・佩里的〈誰為羅斯科・懷特辯論？〉一文，出自《第三個十年》五七一頁）

羅斯科、里基與珍妮佛本應是電影的第二主角，現在卻連個配角都稱不上，只落得「騙子」

的名聲。在註腳中甚至連名字都被省略，變成「懷特的兒子與遺孀」。

一九九一年十一月，僅僅十個月前《現代》雜誌才以「獨家授權『震撼報導完全刊登』」、「案發後二十七年才被推翻的二十世紀最大謎團」等文案大肆宣傳懷特的告白，同年十二月號卻又刊登了類似報導，這次的標題是〈「甘迺迪遇刺案」震撼新事實——一切都是詹森的陰謀！〉，情報來源是自稱是副總統詹森情人的瑪德琳・布朗，她表示詹森對暗殺計畫事前知情並有牽連，而文章裡完全沒提到懷特母子。《Friday》雜誌也刊登了〈前總統的兩名情婦揭發「甘迺迪遇刺案真相」〉一文，以宣傳文案「知道『二十世紀最大謎團』真相的女性終於發聲！」、「前總統的兩名情婦揭發『甘迺迪遇刺案真相』」大打廣告。

看來大眾媒體見異思遷的程度，美國日本都一樣。

順帶一提，瑪德琳・布朗曾向遇刺案研究專家哈里森・李文斯登吐露，她認識生前的懷特，認為他不可能是兇手。此外，她知道有研究者捏造照片和其他情報。

直到計畫為懷特家出書的出版社打退堂鼓，里基才終於坦承造假，整件事宣告落幕。

這個喧騰一時的話題最大的受害者，我想非羅斯科・懷特莫屬了。他被妄想藉出書和拍電影發財的妻子打造成謀殺總統的兇手。

或許就像俗話說的，「老公最好挑健康、愛往外跑的，不然就是死了無法開口的」。

死後被妻子和「遇刺案投機客」擺弄的可憐男子

懷特的故事這下確定了是一直以來的固定戲碼「我的誰槍殺了總統」的案例之一，但奇妙的是，那之後陸續跳出來說自己與遇刺案有關的告白者都宣稱懷特是暗殺小組的一員。

最有名的案例是，黑手黨老大賈恩卡納（Sam Giancana）的親弟弟恰古與姪子山姆於一九九二年共同出版的《背叛》（*Double Cross*）一書（日譯版書名為《葬送美國的男子》，落合信彥譯）。

書中主張山姆・賈恩卡納是主謀，是他告訴恰古整個計畫。這次「告白」極具戲劇張力，竟是由CIA、黑手黨、右翼支持者、詹森和尼克森等人聯手做掉總統。而且甘迺迪總統的弟弟羅伯和以前的情婦瑪麗蓮・夢露都是賈恩卡納殺死的。日譯本的書名便是由此而訂。

該書還提到，提皮特本應負責殺死奧斯華德封口，但他臨場退怯，最後反倒被羅斯科奪命。這下所有的「嫌疑犯」都登場了，簡直就是一本討論遇刺案的大雜燴嘛。該書不僅了無新意，還摻雜了不少粗劣的造假內容，作者口中「真正的狙擊手」里察・肯恩根本是個連車都不能開的大近視。

賈恩卡納的傳記作家與賈恩卡納的女兒都說他不把恰古看在眼裡，不可能告訴他這種事，對該書的可信度一笑置之。眾議院遇刺案調查委員會會長羅伯特・布拉基雖然也主張兇手是黑手黨，但就連他也斷定該書只是為了搭電影《誰殺了甘迺迪》的順風車的造假作品。他嚴厲批評作者不過是把目前所有的「嫌疑犯」都當成「兇手」。相信那本書解開了事件真相的專家，我想只有日本譯者落合信彥吧。

奇妙的是，有件事倒是只有日本讀者才知道。自稱曾是ＣＩＡ情報員的羅伯特・摩洛（Robert. D. Morrow）從一九七〇年起就宣稱與事件有關，說自己在不知情的狀況下改造了用來行凶的來福槍。他後來寫了《背叛者》（*Betrayal*）、《第一手知識》（*First Hand Knowledge: A Review*，日譯本書本《甘迺迪遇刺》，河合洋一郎譯）兩本書。

書中出現的暗殺小組成員，他都以假名處理，不過日本集英社《BART》雜誌（一九九五年十二月十一日號）刊登了他與譯者河合洋一郎的訪談〈永遠不死的ＪＦＫ槍擊犯們〉，文中他指出埋伏在碧草丘的狙擊手就是懷特。

稍微離題，河合曾於《BART》雜誌發表過兩回ＪＦＫ遇刺案相關文章，前一次（十一月二十七日號）的標題是〈超震撼獨家！《誰殺了甘迺迪》電影中的Ｘ大佐終於打破沉默，揭開ＪＦＫ遇刺案最後謎團〉，刊載了前美國情報員弗萊徹・普勞第（Fletcher Prouty）的訪談。電影《誰殺了甘迺迪》中有個虛構的情報員Ｘ大佐（電影中此人對蓋瑞森說：「叫我Ｘ大佐。」），河合在文中透露，「多年前我與一個記者聊過，才知Ｘ真有其人。」於是他和Ｘ大佐見了面，寫出「超震撼獨家」。然而，普勞第本人早在一九七三年就出了《祕密小組》（*The Secret Team*）一書，遇刺案研究專家們也知道他是Ｘ大佐的模特兒。普勞第配合電影上映，還出了一本新書《ＪＦＫ》。也就是河合文章登出的前三年。書封寫著他是Ｘ大佐的模特兒，奧利佛・史東還為他寫序。無論怎麼看，根本沒有「Ｘ大佐終於打破沉默」這件事，遑論「超震撼獨家」。

把不曾在日本出版的外文書稱不上祕密的內容，寫成煞有其事的「獨家」，在集英社裡早有落合信彥這位大師。可是，河合無法像落合那麼吃得開。他在《BART》的報導宣稱是「超震撼獨家」，但在封面上根本搶不到版面，同期〈小室哲哉征服世界宣言，不讀就落伍了！〉、〈小林善紀的激烈發言「再見，宅時代」〉等文章標題還比較顯眼，因此遭人取笑。宣傳文案不大或許代表集英社也對該文的造假感到羞恥吧。最後那篇記事完全無法驚動世間。

摩洛的故事就像「００７」電影的小說版般有趣，影像感強烈。電影《誰殺了甘迺迪》和許多相關書籍都提到暗殺小組中有一人名叫大衛・菲力。他說自己與菲力曾在古巴潛入一架飛機，菲力中槍受了重傷。但驗屍時，菲力身上並沒有發現傷口。還有，摩洛自稱在邁阿密的飯店與古巴情報機關ＤＧＩ持機關槍互擊，但在當地報紙卻找不到類似新聞。

暗殺研究著作《美國暗殺歷史》（*Assassination in America*）一書嚴厲批評摩洛的處女作《背叛

者》，「就如同其他宣稱揭開真相的著作，除了所有人都能取得的公開資料，不見任何禁得起檢驗的新內容。摩洛提到的關係人都已死亡，無法作證，也不能控告他誣告。」

碧維莉・奧利佛（Beverly Oliver）宣稱自己是澤普魯德影片中那個纏頭巾、人稱「巴布琪卡女士」的女性。她在合著作品《達拉斯夢魘》（*Nightmare in Dallas*）中提到甘迺迪總統遭槍殺時，她看到羅斯科・懷特藏身在碧草丘圍欄後。

眾人是在一九八八年播映的《槍殺甘迺迪的男子》節目中得知她的存在，但在一九九三CBS製作的甘迺迪遇刺案特輯，節目中發現她使用的攝影機在案發當時尚未出產，而且提供的影片裡她本人與澤普魯德影片中的「巴布琪卡女士」怎麼看都不像是同一個人，因而研判又是造假。

為什麼這些書都說懷特是犯案小組的成員呢？

奧利佛・史東在《誰殺了甘迺迪》、《白宮風暴》（*Nixon*）兩部電影分別暗示詹森與尼克森可能參與暗殺甘迺迪的計畫，結果遭到兩位前總統的遺族和親信嚴重抗議。

然而，如果是羅斯科・懷特，由於他的遺族都說他是兇手了，所以無論是事實或捏造，遺族都不可能告他們毀謗，也不會受到大眾批判。我想可能是有這一層考量吧。

如此一來，羅斯科・懷特不僅遭心愛的妻兒誣賴，變成與魯比共同策畫暗殺總統的狙擊手，還被自稱涉嫌的好事者與遇刺案目擊者貶為暗殺小組的下級成員。

筆者訪問了大衛・佩里，請他回顧這起事件。

奧菜　當你聽到懷特的告白，你是怎麼想的？

佩里　從里基召開記者會起，我就覺得可疑。那時還沒有他說謊的證據，但我立刻就知道羅斯科與提皮特的關係多半是虛構的。

奧菜　你在哪一個階段才確定他們母子說謊？

佩里　我確認過羅斯科的死亡訴訟文件後，才確定他們造假。羅斯科意外身亡時，並沒發生懷特母子所說的可疑情況。馬克（遇刺案研究專家葛立・馬克）和我找到羅斯科的老同事，不過他們給的答案都是沒有異狀。

奧菜　你認為他們造假的動機是什麼？

佩里　懷特母子與ＪＦＫ槍殺資訊中心副代表賴利・霍華想以七十五萬美金把電影版權賣給導演史東。據我調查，後來史東打消了購買電影版權的念頭。

遇刺案投機客仍在，人們心中誕生新的「陰謀」

討論遇刺案的最新翻譯書《甘迺迪總統之死》（作著註：威廉・雷蒙〈William Reymond〉、比利・索・依斯特〈Billie Sol Estes〉合著，原書房出版；此書論點以詹森為主謀。原書房在八年前也出版過以CIA為主謀當論點的《暗殺甘迺迪》。）提到槍擊案現場因為販售紀念品的小販隨地小解，本應是「致上和平與敬意之處」，竟可悲地變成了「尿騷味撲鼻之處」。一九九三年筆者造訪現場時，在「真兇」埋伏的碧草丘上，看到小販利用小型自動發電機接上電視與錄放影機電源，在現場兜售錄影帶，狀況似乎並沒有好轉。

筆者詢問了幾位專家，「為何甘迺迪遇刺案變成無法破解之謎？」。

首先，我訪問到出過三本相關著作，定居紐約的記者愛德華・艾波斯坦（Edward Epstein）。他訪問過參與華倫委員會成立與調查過程、目前還在人世的委員，寫成《審判》（*The Assassination Chronicles*）一書。艾波斯坦聽說吉姆・蓋瑞森已經鎖定兇手後，曾出手協助，但後來發現又是謠言，他大失所望，並將經過寫成《將計就計》（*Counterplot*）一書。此外，他訪問奧斯華德的一百二十位親友，寫成《傳說》（*Legend*）一書，介紹奧斯華德這個人。他曾從好幾個方向寫書，因此成為我的第一人選。重要證人喬治・莫連西爾德（George de Mohrenschildt）供出前ＣＩＡ長官艾倫・杜勒斯（Allen Dulles）等多位委員和顧問都是奧斯華德的保護者，奉ＣＩＡ之命監視奧斯華德。而艾波斯坦在莫連西爾德自殺前數小時，曾經訪問過他；再加上艾波斯坦一直協助蓋瑞森直到調查中期，這些經歷都值得一提。對於遇刺案，艾波斯坦持中立態度，他認為奧斯華德可能是單獨犯案，也可能是受人指使。而且就算他單獨犯案，也不代表背後沒有陰謀。

「我十二月將前往日本採訪，預計住在君悅飯店一星期」，二〇〇四年十一月我接到他的通知。我前往飯店拜訪，但很不巧的，沒找到他。我在咖啡廳寫信表明想請他協助，並請飯店人員轉交。後來他打電話到我的行動電話，表明願意幫忙。只可惜他實在太忙了，最後還是沒見到他。

《美國軍事政變》（*Coup D'etat in America*）一書作者、持陰謀論論點的阿朗・韋伯曼（Alan Weberman）曾被他筆下的「真兇」控告毀謗，後來勝訴。我訪問到他。我送上之前訪談的謝禮五十美金後，他回我說：「兄弟，想問什麼僅管問。」他的回答如下：

哈囉，兄弟！新年快樂！甘迺迪遇刺案絕對無法破案的理由是，真相會打擊ＣＩＡ。ＣＩＡ冷戰時在最前線對抗蘇聯，他們意圖弱化、消滅蘇聯，卻落入共產主義者的陷阱。行蹤飄忽不定的間諜執行（暗殺）行動，ＣＩＡ執行部門也參與了。如果真相大白，中央情報局會解體。所以ＣＩＡ才會禁止流浪漢的照片（作者註：案發後現場附近有三名流浪漢遭逮捕，而他們身上的衣物異常整潔，很像水門事件的侵入犯，被稱為「假流浪漢」。韋伯曼著作重點是照片的分析）流出，也命利用當地工作人員的ＦＢＩ這麼做。後來蘇聯把流浪漢的照片當作宣傳陰謀論的工具，（被懷疑是蘇聯間諜的）我成了冷戰的人質。幸好ＦＢＩ分析我寫斯拉夫字母的筆跡與文章的結構，排除我是蘇聯祕密間諜的可能……。真相無法大白的最大理由，就是冷戰。

關於「三名流浪漢」，吉姆・蓋瑞森也在他的著作《跟蹤刺客》中提出疑問。

我立刻覺得不對勁。據我所知，當時鑽進貨車移動的流浪漢個個頭髮長而蓬亂。畢竟他們居無定所，會如此也是理所當然。但照片中的男子卻像才上過理髮院，頭髮很短。光看這張二〇×二五公分的照片，他們似乎連鬍子都刮了。而且三人服裝乍看寒酸，仔細看卻異常乾淨。如果是真正的流浪漢，鞋底一定磨損不堪，但照片中的男子卻不是這樣。（三一六頁）

一九九三年，達拉斯警局公布調查紀錄，確認了三名流浪漢的身分，其中兩人仍在世，都是貨真價實的流浪漢。「流浪漢是水門事件侵入犯」的說法因此確定是誤認。但韋伯曼仍堅持自己的主張，指稱警局公開的是假情報。對於「照片不像」的批判，韋伯曼以「照片被竄改過了」反駁。

「三名流浪漢」之一的約翰・佛雷斯塔・格德尼出過一本自傳《如何成為流浪漢》。書中提到他在遇刺案前恰好換了衣鞋，還修剪了頭髮、鬍子。三人在達拉斯聽到遇刺案的消息後，並沒有太大反應與關心，因為「對流浪漢而言，當天的溫飽才是最重要的事」。「三名流浪漢」之一的格德尼身分曝光後，媒體蜂擁至他當時的公司，害他丟了飯碗。

比起著作的主線，韋伯曼書裡的副線——討論華倫委員會的組成人士與尼克森的關係部分寫得相當好，特別是「暗殺甘迺迪的兇手是尼克森」的部分，分析精闢。但不知為何，這幾位作家的分析與日本最暢銷的遇刺案著作——落合信彥的《二〇三九年的事實》內容雷同。《謠言的真相》雜誌指控落合盜用了韋伯曼的作品，落合則控告該雜誌名譽毀損（後來雙方達成和解）。

筆者將這件事和日本法院的判決告知韋伯曼，他說：「我妻子在日本待過，讀得懂日文。」我便把《二〇三九年的事實》寄給他，可惜他的回覆是：「我妻子住日本是十五年前的事了，假名勉強讀得懂，但不會漢字，沒辦法讀。」

遇刺案研究專家的分裂

筆者計畫訪問名字在本書出現好幾次的暗殺專家吉姆・馬斯。我郵購了詹姆斯・佛艾斯（James E. Files）的自白DVD（佛艾斯也宣稱是自己槍殺了甘迺迪總統。他因殺人罪被判無期徒刑，目前在獄中服刑），DVD郵購業者威姆・丹庫巴（他的網站首頁有個「去問馬斯」專欄）是馬斯的朋友，覺得我這個日本人很新鮮，想跟我認識。所謂「擒賊先擒王」，我決定先和這個人聊聊。

奧菜　我之前訪問過阿朗・韋伯曼與愛德華・艾波斯坦，這次很希望能訪問到吉姆・馬斯先生。

威姆　韋伯曼還行，但艾波斯坦可不能相信。他為CIA工作，他的書寫的都是假情報。

奧菜　我不是想知道真相或真兇身分，我想知道的是，為什麼這個案子會變成無頭懸案。

威姆　看來我和你會很聊得來。你想想看，美國政府還在甘迺迪被刺殺身亡時擁權的那些人手上，他們到現在都在說謊。我認為老布希總統也是策畫陰謀的一員。

奧菜　可是很多人自稱是兇手或跟這個案子有關呢。

威姆　除了詹姆斯・佛艾斯，有誰這麼說？

奧菜　山姆・賈恩卡納、羅斯科・懷特、李察德・納格爾、瑪利塔・洛倫茨、克里斯汀・大衛，還有……

威姆　你提到的那些人都只是自稱與案件有關。克里斯汀・大衛說柯西嘉黑手黨命令他暗殺甘迺迪或許是真的，但我想他沒有答應。不過我相信他們早就知道這個計畫的存在。洛倫茨沒參與，是她的朋友史特吉斯參與了。吉姆（馬斯）是我的朋友，我陪你一起去訪問他吧。

我很意外，威姆竟會說艾波斯坦的不是。後來我才知道，就是艾波斯坦提出詹姆斯・佛艾斯的不在場證明。佛艾斯當時反駁，說自己有個長得很像的兄弟，是對方誤認了，但他的自白可信度仍因此大幅滑落。錄影帶生意受到影響，我想威姆一定大為光火吧。不過佛艾斯的自白錄影帶在九六年販售時，就走美國錄影帶出租店批發貨的低廉價格路線，因此被揶揄為「大拍賣錄影帶的告白」。

親眼目睹遇刺案研究專家起內鬨，感覺很不舒服。我不禁擔心如果吉姆・馬斯比威姆還偏激該怎麼辦？馬斯的書主張甘迺迪是被美國的多種勢力殺害的，還在結論暗示主謀可能是詹森。電影《誰殺了甘迺迪》曾因用他的書當參考資料遭人批判。馬斯現在還是在探討陰謀論的話題，不過他的興趣從甘迺迪轉到外星人身上（目前則熱中九一一陰謀論），這些莫不加深我訪問前的忐忑心情。

對於我的問題，吉姆・馬斯回答如下。言明在先，以下文字可不是我刻意翻譯得很親切。很意外的，他是個很和氣的人。我打電話時他已經就寢了，但他和氣地說：「秀次，不好意思，現在是美國深夜，我正在睡。能不能請你晚點再打電話給我？」（我深感歉意，後來立刻寫了電子郵件道歉）。

馬斯的回覆以招呼語「Howdy」（How do you do縮寫）開始。

嗨，秀次，聽說你對甘迺迪的案件有興趣，我非常高興。接下來我便回答你的問題，「為什麼甘迺迪遇刺案會變成無解之謎？」。

為什麼這案子至今依舊成謎呢？原因在美國政府。因為那起遇刺案，嚴格地說，那場政變，就是由案件相關者負責調查，他們把這件事解決掉了。從華倫委員會到眾議院遇刺案調查委員會，主持調查的歷代政府都一樣，他們不是下令暗殺甘迺迪的主謀的下屬，就是關係緊密。不管美國換了哪位領導人都不會讓真相大白的，因為國民一旦知道了，一定會引發革命。另外，你送的旅行用時鐘，說來真巧，我一直很想要一個呢。最後，祝你成功成為日本的遇刺案研究專家。

我問他：「電影最後採用了你的書當參考，你對導演原本想用的羅斯科・懷特的故事有何看法？」很意外的，他竟替懷特母子辯護。

我現在還跟羅斯科的兒子里基有聯絡，他人很好。大部分人都認為懷特家說謊，我認為這是個嚴重問題。第二本日記確實是里基的母親珍妮佛偽造的，這事無庸置疑，但沒人看過被FBI沒收的第一本日記。我認為有必要進一步調查懷特的證詞。

我很想聽聽奧利佛・史東的說法，便拜託馬斯幫我引介，但馬斯表示他與史東在電影拍攝後就不曾聯絡。我只好請他給我史東的辦公室地址，寫信過去，但辦公室已經搬遷了。後來我向大衛・佩里問到史東的住家地址，可惜他也搬家了。最近，我終於查到史東的現住址，也確認對方收到了我的信，但沒收到回音。

居住在馬里蘭州、至今寫過七本暗殺相關著作的哈里森・艾德華・李文斯登，是唯一聽過雷特納與珍妮佛的訪談全部經過的研究家。我在他的電話答錄機留言，希望請他協助，但對方沒有回應。

曾經走訪現場調查懷特事件的大衛・佩里，也協助我寫作本書，他的評論如下：

目擊證詞一旦被炒作，免不了有人會開始加油添醋。

例如，珍・希爾的例子（原作者註：近距離目擊甘迺迪遇刺瞬間的女性，她宣稱看到神似魯比的人逃離現場。後來她出版了《有爭議的最後目擊者》一書，支持陰謀論）。電影《誰殺了甘迺迪》裡有個以她為模特兒的角色，而隨著電視節目炒作她的證詞，她的說法也愈來愈誇大。

我想在這種情勢下，很難解開事件的真相。

經過我長年調查，我漸漸傾向奧斯華德是獨自犯案的說法。如果把他看成陰謀論者，實在很難推斷他的動機。

奧斯華德在墨西哥的插曲很耐人尋味。

他在墨西哥前往蘇聯大使館與古巴領事館時，CIA正暗中竊聽這兩棟建築，並一一拍下進入館內的人物。不過奧斯華德與大使館人員的談話內容在整理成文字檔後，CIA把錄音帶另作他用，所以原版錄音已經紛失。然而，他們提出的奧斯華德在當地被拍到的照片，影中人與奧斯華德本人一點也不像（為了調查遇刺案，CIA提出一張奧斯華德出入蘇聯大使館的照片，但照片中人根本不是奧斯華德，理由不明）。

現在已經知道，奧斯華德在蘇聯大使館是與偽裝成大使館人員的KGB破壞工作人員瓦雷里．柯斯契夫、巴貝爾．亞斯科夫等人見面，但CIA竊聽失敗，所以他們談了什麼已成為永遠的謎。

我支持他是單獨犯案，也因此常受（其他研究者的）批評，但我並不是完全否定陰謀論的說法。

從歷史上來看，刺殺林肯總統的約翰．威爾克斯．布斯（John Wilkes Booth）最後以單獨犯案的兇手被判處死刑，但除此之外，馬利．史都華特等人也因連帶關係而遭處死刑，有人則被判無期徒刑。

所以，是否是柯斯契夫與亞斯科夫教唆奧斯華德犯案的，還有討論餘地。或許是和他們見面時發生了某件事，以致奧斯華德決定除去礙事的甘迺迪（作者註：有人目擊奧斯華德在古巴領事館裡揚言要將殺死甘迺迪）。

假使CIA手上真的有這種對話紀錄，為了避免第三次世界大戰，我認為他們銷毀錄音帶的做法是正確的。

我想，我的看法應該要比過去那些研究家的見解可信多了。

遇刺案研究專家並不團結。持黑手黨是主謀論點的人把主張CIA是主謀的蓋瑞森說成黑手黨的爪牙，蓋瑞森的人馬則反過來批評對方「詐欺」。此外，研究專家裡有人有專業知識，但也有人欠缺常識，李文斯登在最新作品表達了他的憤怒：「**遇刺案研究專家可不是一群討論遇刺案八卦的粉絲！**」

馬斯近期作品《外星人與UFO》（*Alien & UFO*）提到外星人實際存在，但政府隱瞞事實。日本德間書店發行了日譯本，書名為《外星人UFO百科全書——深遠的〈地球史〉》。研究UFO的裘爾・艾肯巴克（Joel Achenbach）在著作《被外星人擄獲》（*Captured by Aliens*）中提到了馬斯從甘迺迪遇刺案轉跑道去研究UFO的事，「**因為UFO與JFK之謎是相似的文化現象之謎，都得窮盡一生去追究真相**」、「**這兩個主題都顯示了，現實是個就算再詳細調查，也不見得能夠真相大白的東西**」。

或許出乎意料的，遇刺案研究專家們其實是對談論真相為何的過程樂在其中，所以才遲遲不肯做出結論也說不定。

冗長的附錄——不斷重複的愚行

似曾相識就是這麼一回事

一月下旬，筆者在為本書進行潤飾，偶然翻開電視雜誌《B.L.T.》二月號，發現二月二十一日的節目預告有下列文字：

Special on Thursday《約翰・甘迺迪特輯》（名稱暫定）
▽解開甘迺迪總統遇刺案之謎
▽兇手只有奧斯華德一人嗎？
▽宣稱自己是真兇的佛艾到底是何人？
▽獨家報導！專訪佛艾（預定）

一股不祥預兆油然而生。我想「宣稱自己是真兇的佛艾」八成就是本章提到的詹姆斯・佛艾斯。美國遇刺案研究專家認定他跟懷特半斤八兩，早已拆穿他編造的謊言，難不成這節目打算把他的告白當成真相處理嗎？

節目播映前一週，節目首頁更新為以下內容：

「我槍殺了甘迺迪總統！ＪＦＫ事件第四十五年的震撼」

【節目主持人】羽鳥慎一（日本電視台主播）

【節目來賓】鳥越俊太郎、加藤夏希、土田晃之

四十五年前，美國第三十五任總統約翰・菲茨傑拉德・甘迺迪（通稱為ＪＦＫ）在德州達拉斯市遊行途中遭槍殺身亡。

這個消息透過衛星轉播傳送到全世界，成為世紀懸案，在歷史上留下一頁。調查結果，遇刺案是李・哈維・奧斯華德獨立犯行。

然而，遇刺案後四十五年歲月過去，足以顛覆這段歷史的自白證詞突然從事件迷霧中現身。

「奧斯華德沒有參加槍殺行動，狙擊手共有三人，擊中甘迺迪的那顆子彈是我射出的。」

說出這番震撼證詞的，是因其他案件被判無期徒刑，如今正在服刑的詹姆斯・佛艾斯。

我們從電影《誰殺了甘迺迪》的原著作者手上得到這個情報。

而且，還有一段從未在美國公開放映的佛艾斯自白影像。

佛艾斯到底是何方神聖？他又是基於什麼打算，要在四十五年之後的今天供出他的自白？

假如他的證詞屬實，這將會是足以改寫世界史的超重量級大獨家。

現在提到甘迺迪遇刺案時，大都已經不再討論誰是兇手，轉而著眼在幕後的操控黑手。

本節目將在事件後四十五年重新回到原點，針對「是誰槍殺甘迺迪」這個問題徹底追查，過程中我們發現了許多隱藏的驚人事實。

■本節目五大獨家

(1)世界從未公開過的影像大披露！自稱兇手的詹姆斯．佛艾斯的自白錄影帶，徹底分析震撼的自白內容。

(2)取得記錄事件始末的警方無線電錄音帶！利用最新音響科學分析，發現震撼新事實。

(3)證明被認定為兇手的奧斯華德無罪的三項證據。

(4)成功訪問到服刑中的佛艾斯！佛艾斯親口說出犯罪動機。

(5)在荷蘭發現能證明佛艾斯犯行的留有齒痕的子彈（彈殼）。

以及其他精采內容。

前面也提過，佛艾斯「自稱射殺了甘迺迪」的自白並不是新消息，而是十四年前的一九九四年發生的事。收錄他自白影像的錄影帶也在兩年後在美國公開販售。日本綜藝節目的宣傳文案提到「我們從電影《誰殺了甘迺迪》的原著作者手上得到這個情報」，也就是在本章登場過的吉姆・馬斯。「還有一段從未在美國公開放映的佛艾斯自白影像」，這句話似乎暗示了這影片是極機密的資料，但明明任何人都能透過郵購買到這片收錄佛艾斯與馬斯訪談的DVD。筆者我就擁有一片。市面上，以佛艾斯為主題的書籍至少出版過四本。筆者手中既有影像，也有書，看到綜藝節目拿佛艾斯的告白當獨家宣傳，簡直快昏倒了。

而且，「取得記錄事件始末的警方無線電錄音帶！利用最新音響科學分析，發現震撼新事實」，文中提到的錄音帶應該就是本章前面提過的，那卷一度被列為證據但因為可信度不足而被駁回的錄音帶（參照九一頁）。

這個節目的特別來賓好巧不巧又是鳥越俊太郎，所謂「似曾相識」就是這麼一回事吧。

這世界真是太小了

除此之外，最吸引我目光的是「在荷蘭發現能證明佛艾斯犯行的留有齒痕的子彈（彈殼）」─。主張佛艾斯是兇手並製作相關DVD與書籍販售的威姆‧丹庫巴，正是住在荷蘭。二月十四日播映節目預告，由卡通《魯邦三世》的人氣角色錢形巡官出場，他口中喊著：「站住──魯邦，你這個甘迺迪槍擊犯！」

隔天週五晚上，我打電話給威姆。由於很多年沒與他聯絡了，我先說：「威姆，你記得我嗎？我是那個從日本打電話給你的日本人。」結果他回我：「是日本TV（日本電視台）的人嗎？」

揭穿佛艾斯謊言的是大衛‧佩里，他也在本章出現過。啊啊，這個世界真是太小了啊。我不禁在心中吶喊：「這不是發生在別處，而是就在我身邊啊。」討厭的預感成真了。我不是想炫耀自己博學，雖然甘迺迪遇刺案涵蓋很廣，但遇刺案研究專家的人數並不算多。誰跟誰意見相左感情不好，誰批評過誰的理論以致被怨恨等，很容易就看得出來。當中又有勢力範圍角力的意識作祟，像帕美拉‧雷伊的書（後述）裡根本沒提到威姆、馬斯與佛艾斯的訪談。我向威姆說明，我是向他購買DVD的奧菜秀次。聽他解釋，我才知道他接受了日本電視台的採訪。

那天夜裡我寄了電子郵件給他，給他看《Special on Thursday》的節目網頁，再次打電話向他說明該節目的主旨。

奧菜　聽我說，威姆。我不知道他們跟你說了什麼，不過這節目可不是「歷史頻道」或PBS的新聞節目《Front Line》，不過是綜藝節目喔。節目中確實會請來記者和來賓，但大多是演員歌手或藝人之流，在節目中發言搞笑，不過是娛樂節目。今天已經播出預告了。

威姆　網路已經播出預告了嗎？

奧菜　不，不，不，不，不，正式播放是下週，今天播放了節目預告。預告片還是卡通人物演的，是日本的人氣卡通人物錢形巡官……就類似《粉紅豹》裡的克盧梭探長的角色。這樣你也知道吧，那只是娛樂節目。

後來，我把節目預告的錄影帶寄給他，也把這件事告訴馬斯，也送了錄影帶給他。馬斯回覆如下：

哈囉，秀次，我想你也經驗過吧。明明是件嚴肅的事，拿到電視上討論時就成了玩笑，感覺很不舒服。也是因為這樣，甘迺迪遇刺案的錯誤謠言才會到處氾濫，讓人很傷腦筋。我不懂日文，但我認為你的態度是對的。

我也把這個訊息告知大衛・佩里，他也回信：「我想看看那節目，請一定要寄錄影帶給我。」

刑求？恐怖體驗？驚悚的兩小時

最後節目名稱訂為《Special on Thursday：暗殺美國總統！JFK是我殺的！》。當天朝日、讀賣新聞等傳播媒體對節目都給予好評，但我跟那些記者不同，在節目播放的兩小時，每三分鐘我就忍不住像松田優作那樣大喊：「這什麼鬼啊！」不知看過那節目的讀者們感受又如何？

因為節目內容實在太荒謬，且我讓按節目程序說明吧。

日本電視台工作人員到馬斯家採訪，有一幕工作人員從馬斯手中接過「射殺甘迺迪的槍擊犯訪談影像」的DVD。白底的DVD上，以黑字打上名稱《Files on JFK》。

影像播出後，我立刻就看出從播放佛艾斯服刑的監獄外觀開始的畫面根本就是網購版《Files on JFK》的影片內容。

DVD開頭會先出現「禁止翻印複製」的版權畫面，然後出現畫面選單，選擇「全部放映」後，會出現以下幾個畫面：

①以字幕說明佛艾斯自白的經緯。

②DVD製作者姓名與標題名稱『Wim Dankbaar Presents』、『Files on JFK』。

③監獄外觀影像並打上訪問日期。

④佛艾斯訪談。

⑤結尾畫面標示『Files on JFK』，訪問者姓名『Wim Dankbaar & Jim Marrs』，影片製作人姓名『Gary L. Beebe』，威姆・丹庫巴的著作權標示『Copyright 2004 Wim Dankbaar』，商品網頁的介紹。

但在節目中只播映了③與④。

馬斯交給工作人員的DVD看似是私藏的機密影像，其實不過是網路買得到的DVD。日本電視台工作人員如果看到開頭的①、②內容，就會明白這片DVD不是什麼珍藏影像，不過是量販商品。當然，除非是馬斯只把收錄③、④的影片版本交給工作人員，使他們誤以為是「機密影像」，那又另當別論了（但我不這麼認為）。

不可思議的內容不只如此。

節目把甘迺迪遭槍殺瞬間的聲音檔案與佛艾斯的「自白」合併檢驗。然而，如前所述，這個「錄音證據」已經遭到駁回，不值得相信。節目還細心地不忘播出眾議院遇刺案調查委員會的影像。

其次是被視為作案凶器的Carcano槍。華倫委員會判斷這種槍枝不可能在五點六秒內連續發射三發子彈。但事實本來就不是「拿起來福槍連續擊出三發子彈」，而是「先發射一發子彈後，再發射其餘兩發」。而且，根據澤普魯德影片解析結果，子彈發射間隔比五點六秒要長。

接下來播出澤普魯德影片的分析。驗證影片後節目介紹：「澤普魯德影片曾在媒體上放映多次，但這次我們發現到奇怪的動靜，就在槍擊前幾秒鐘」，也就是有個原本又叫又跳的白衣少女突然停止動作的一幕。她應是聽到槍聲嚇得停止動作。工作人員找到那名案發時十歲，「極少在媒體曝光」的少女羅絲瑪莉・威爾斯，取得她的證詞，確定她突然站定不動是因為聽到槍聲。錄音證據與她的證詞在此提高了佛艾斯「自白」的可信度。

不過九〇年代澤普魯德影片經過校正後，以往看不見的狀況得以確認，少女的舉動與槍聲的關係也早已被指出。一九九三年CBS《六十分鐘》（*60 Minutes*）的甘迺迪遇刺案特別節目，當時剛出版《調查結束》（*Case Closed*）一書的作者傑拉德・波斯納在節目上說明過。日本版《PLAYBOY》雜誌於一九九九年九月號的甘迺迪遇刺案特輯《一切都是從甘迺迪開始！》也介紹過羅絲瑪莉・威爾斯，刊載了她的證詞，還介紹了有關她的其他影像。

節目工作人員申請訪問佛艾斯遭拒，但他在回信中請工作人員去訪問一名住在夏威夷的女性帕美拉・雷伊。她去看過他兩次，以電話進行過多次訪問，據說兩人是情侶關係。她讓工作人員看佛艾斯為她畫的過度美化的畫像、悲傷不已的甘迺迪夫人的插畫，以及奧斯華德幫他拍下的照片等，一再強調他參與了這個案子！

但帕美拉・雷伊早在二〇〇七年就根據佛艾斯的訪談寫過一本書《訪談歷史》（*Interview with History*），節目介紹的內容並不是什麼新鮮事。

不管是插畫或佛艾斯的照片，她的書都刊登過。《Files on JFK》的封面也使用了部分照片做設計。

如果讀者手上有節目錄影帶，可以去確認一下。當工作人員前往帕美拉・雷伊家中，畫面字幕打上「夏威夷茂宜島下午兩點五十分」約過五十秒後，攝影機稍微拍到她的書桌。針對佛艾斯進行訪問時，她右側的紅桌子上有本擺得像桌曆的書，那本書就是《訪談歷史》。

佛艾斯與她的電話訪問以「世界首次，獨家電話專訪」為宣傳播出，電話裡佛艾斯激動地表示就算自己自首，「也不會有什麼好處。沒好處也沒利益，更沒報酬。對我而言，我得不到什麼。我就是因為說出自己槍殺JFK，說出自己執行的任務，所以現在還關在獄中。我出不了監獄。」事實上，自從他「自白」以來，確實拿到了相當金額的演出費。由於他在獄中服刑，錢都交給他女兒。他是因為殺害警官入獄，有人猜測他的目的是為了錢，或是想藉機得到假釋的機會。

最後是威姆・丹庫巴的訪談，介紹他住在荷蘭，擁有佛艾斯發射的子彈。一九八八年在碧草丘的泥土地發現這顆子彈，上頭有佛艾斯的齒痕。佛艾斯說自己是「血氣方剛」才做了那種蠢事。如此一來，間接證據、物證似乎都已齊備。

令人不解的是，節目中沒有說明馬斯訪問佛艾斯時威姆也在場，照理說工作人員不可能沒在訪談影片中發現威姆。《Files on JFK》中，提問的除了馬斯，還有另一個人。節目明明整理了訪問稿，還翻譯出來。

自稱兇手的犯人真面目與逐漸明朗的節目內幕

節目結束後，我立刻打電話給威姆・丹庫巴。

奧菜　哈囉，威姆。我剛看了你的訪談。沒想到你長得那麼帥呢。我還是第一次看到你家，寬敞得就像城堡，裝潢成白色的，很漂亮呀。

聽到我的話，他如字面形容地放聲大笑。

奧菜　可是很遺憾，你上的節目不是紀錄片，而是以卡通人物做開場的綜藝節目喔。

威姆　（靜默片刻）日本觀眾對佛艾斯的看法如何？

奧菜　我再從日本網站搜集網友意見傳給你。不過很奇怪，節目播出的是《Files on JFK》，但關於DVD只介紹了馬斯。

威姆　在《Files on JFK》我明明也參與了訪問。《Files on JFK》的影像總共播了多長？

奧菜　大概五到十分鐘，搞不好更長。

掛上電話後不久，我收到威姆的電子郵件，他請我幫他計算節目中《Files on JFK》的播映時間。

經過兩天內幾通電話、幾封電子郵件的往來，我才知道他與日本電視台簽了《Files on JFK》的五分鐘播映合約並收取權利金。放映時間超出的部分，他將額外收費。

節目工作人員是真的不知道佛艾斯的訪談內容不是機密嗎？我問他是否應日本電視台要求把公開販售商品形容得像是機密？（簡而言之，就是配合演出嗎？）還問他五分鐘的播映費是多少，但他並沒有回答。

他倒是反問我：「奧菜，你相信佛艾斯的自白嗎？」

我不想回答，便假裝聽不懂，他似乎察覺了，緩慢清楚地又問了一次：「你相信佛艾斯的自白嗎？」片刻之後，我這麼回答他：

「……很遺憾，我不相信。其實我和大衛・佩里（威姆的仇敵）、艾波斯坦（威姆的宿敵）也有聯絡……。這次我的書主題是懷特的造假始末，但我也會提到一些佛艾斯和日本節目的事……至於你的說法，我打算如實轉載……」

讓我提出幾個證據證明佛艾斯的自白造假吧。主張佛艾斯是兇手的比利佛等人把前文提到的子彈列為「物證」，然而雷明登公司（Remington）製造的這顆子彈下方序號標示了這是七〇年代的產品，因此一九六三年十一月遇刺案發生時佛艾斯咬了子彈並將之丟棄的說法無法成立。

此外，他們說案發後子彈一直留在柵欄上，然而槍案後碧草丘聚集了大批人潮，現場也被警察徹底搜查，為什麼這二十五年來沒人發現那顆子彈？這實在不合理。而且照理說佛艾斯犯案後應該會立刻逃離現場，怎麼可能有時間「咬著子彈看情勢發展，並放在柵欄上」。

節目中播放的佛艾斯訪談不到八分鐘（重播畫面很多，實際時間可能更短），事實上這是場將近三小時的馬拉松式訪談。

節目中沒有播放佛艾斯自稱收到操控奧斯華德的ＣＩＡ人員的指示，他還提到瑪麗蓮・夢露是被黑手黨的賈恩卡納殺害，而他們是遵從甘迺迪家的指示。他之所以痛恨甘迺迪是因為甘迺迪執政時，他負責訓練古巴的流亡分子為一九六一年進攻古巴做準備，但甘迺迪拋棄了他們，而且ＣＩＡ進攻古巴的行動背後有前美國總統老布希支持。他還知道殺死警察提皮特的真兇，他跟那人的合照曾刊載在許多書上。他還供出許多「共犯」，遇刺案真正主謀不是賈恩卡納，而是比詹森總統更有勢力的人等異想天開的言論。他說行凶後自己立刻反穿身上的夾克，將不顯眼的灰色內裡翻到外頭再逃走。行凶後無謂的行動太多，實在教人難以信服。

只要看過未剪輯過的版本（有興趣的讀者請參照單行本《Files on JFK》，書裡收錄了訪談的文字稿），佛艾斯誇大的言詞只會讓人把他當成吹牛大王。

節目工作人員翻譯了整段訪談，應該看過佛艾斯的誇大言詞，為了提高證詞可信度，他們剪輯影片時一定花了一番工夫吧。

佛艾斯在ＤＶＤ訪談中宣稱「自己的子彈擊中了甘迺迪的右眼後方」，但他在一九九四年錄製的錄影帶版本卻說「自己的子彈擊中了甘迺迪的左頭部」，犯下左右不分的錯誤。再者，如前所述，有案發時佛艾斯不在達拉斯的不在場證明。

佛艾斯跟懷特母子一樣，不過是騙子。

有興趣深入探討的讀者，請至參考文獻中附上的大衛・佩里的網頁。

節目最後列出了協助者、協助公司一覽，筆者透過電子郵件和電話試著聯絡那些單位。

結果得知達拉斯當地的JFK Lancer公司曾協助日本電視台找尋羅絲瑪莉・威爾斯。

筆者請教該公司負責人黛博拉・康威，「詹姆斯・佛艾斯的自白被日本節目渲染成『真相』，協辦單位一覽中有貴公司，請問你們的協助內容是什麼？」她說以為佛艾斯的自白影片會完整播放，怒氣沖沖地回答：「我們認為他是騙子，不可能協助做那種近似詐欺的節目，其中一定有什麼誤會！」筆者詳細說明節目內容後，她回答：「我想起來了，我們曾提供羅絲瑪莉・威爾斯的資料給日本電視台。」

最後她說：

「只要有人來本地調查甘迺迪遇刺案的關係人或資料，我們公司會提供相關資訊。我們不過是提供日本電視台羅絲瑪莉・威爾斯的聯絡資訊，希望你務必理解。如果我們事前知道日本電視台會把佛艾斯的自白當成事實介紹，一定不會協助他們。」

筆者也打電話給人在夏威夷的帕美拉。「請問這裡是帕美拉・雷伊的府上嗎？」聊了一下對方便說「打錯電話了」，掛斷電話。由於對話過於簡短，難以辨別對方是否為帕美拉本人。筆者重聽電話錄音，與節目中帕美拉的聲音進行比對，兩者聲音很像……我大概是惹她討厭了，她才會掛我電話吧。如果我模仿佛艾斯的聲音說「親愛的，我是你最愛的詹姆斯」，不知她會有何反應？

演變成「羅生門」的節目實態

就在我寫完前一小節的隔天，收到馬斯的電子郵件。他說收到了節目錄影帶，但他要前往洛杉磯，沒時間看內容告訴我感想。他表示：

> **我之所以交給電視台工作人員DVD資料片而非《Files on JFK》的商品版，是因為威姆要向對方索取高額的播映費。**

真是奇怪，威姆說他與日本電視台簽訂了「五分鐘的播映權」。

如果雙方都沒說謊，那事情可能是這樣發展的：

日本電視台為了佛艾斯的訪談影片找上馬斯。

馬斯通知擁有《Files on JFK》版權的威姆，但威姆要求高額的播映權利金，節目便決定使用馬斯提供的私人收藏版本。

威姆從日本電視台拿到的錢，可能不是DVD的播映權利金，而是節目給身為採訪者之一的他的謝禮。

關於轉播DVD的事，或許馬斯與威姆兩人是私下達成協議，日本電視台不知道當中緣由，也不知道DVD早就在市面上流通，並沒有要求他們配合演出——

日本電視台的節目內容確實有錯，但這是因為一連串的陰錯陽差所致。或許很多讀者無法認同這個解釋，但就如同甘迺迪遇刺案謎團重重，遇刺案研究專家之間的關係也有許多難解之謎。收錄佛艾斯訪談的出版品共有四件，收錄訪談影像的錄影帶與DVD各一。然而，看過這些作品後發現作者們並沒有參考彼此的作品，完全無視其他人採訪佛艾斯的報告。

一般說來，研究者常會把前人的發現當成參考資料，進行補述的調查與研究。但不巧的，在這個領域並非如此。

以下依照發行時間列舉四件出版品與兩件影像作品。

①一九九六年——《The Murder of JFK》（VHS），收錄了佛艾斯的訪談。

②二〇〇三年——《Conspiracy in Camelot》，傑洛姆・克羅斯從一九九六年到二〇〇一年之間數度訪問佛艾斯後完成，作者認為佛艾斯只是眾多造假者之一。

③二〇〇四年——《Files on JFK》（DVD），收錄馬斯、威姆與佛艾斯的訪談。

④二〇〇五年十月——《JFK and Sam》，甘迺迪遇刺案嫌疑犯——芝加哥黑手黨的賈恩卡納的女兒安特妮蒂（Antoinette Giancana）的著作，內容提到遇刺案經過，並提及她父親和佛艾斯的事。佛艾斯宣稱賈恩卡納是主嫌，作者相信此論點。

⑤二〇〇五年十二月——《Files on JFK》DVD版權持有者威姆・丹庫巴的著作，內容收錄DVD的訪談文字稿和衍生文章。

⑥二〇〇七年——曾上過《Interview with History》節目的帕美拉・雷伊的著作，內容主要是與佛艾斯的對話。

這些書籍、錄影帶與DVD參考其他資料的狀況如下：

②完全沒有參考①的錄影帶，文中也沒有提及。相關記述作者只以一句「他在九〇年代初期曾受到矚目」帶過。

④沒有參考資料一覽，書中介紹了①的錄影帶，但沒有提及③的DVD。

⑤自然是以自己製作的DVD③為主要資料，刊載訪談文字稿。①的訪談文字稿不知為何有一章是引用帕美拉與佛艾斯的對話。沒有索引，檢索內容很不方便，但很感謝書中提供了大量原始資料。

⑥參考資料一覽表有十五頁，一百五十二件，不過裡頭只找到①，並沒有提及介紹過她的⑤。參考資料裡還有賈恩卡納的《背叛》一書與安特妮蒂的自傳《黑手黨公主》（*Mafia Princess*）等。

看來「親耳聽過佛艾斯自白」似乎成了一種賣點，以致每個人都刻意避免提到對競爭者有利的事。甘迺迪遇刺案調查時雖然請到遇刺案研究專家協助，但拿到的資訊因此不見得正確。

大衛‧佩里在自己的網頁開宗明義表示：「奧利佛‧史東執導的《誰殺了甘迺迪》電影裡，真相隨著每位目擊者看到的內容而有所不同，手法就像日本古典名作《羅生門》」，他還一一列舉了曾被研究者指控的「暗殺團隊」歷代六十八名成員。

他大略看了節目，指出三個重點。

①佛艾斯說那把雷明登公司製造的槍他只開了一槍。

②子彈打中總統「右眼後方」。

③槍殺後，他咬了彈殼並把彈殼留在現場。

最後，他歸納結論如下：

你要記好，調查命案時絕不能像馬斯和丹庫巴那樣採用未經證實的證詞。佛艾斯參與事件的事還未證實，他們只不過是用他的證詞來詮釋案情罷了。

我認為研究聲音檔或是Carcano槍的發射速度並沒有太大意義。到底有三發或四發子彈，是長久以來的爭議。

想證明佛艾斯的誇張證詞為真，需要大量佐證，馬斯或丹庫巴話說得再多都沒用。除非，找到了明確證據證明佛艾斯是槍殺甘迺迪的兇手。事情就這麼簡單。

佩里還補上一句，詳細論述待他日後提供。

開場似曾相識，收場也似曾相識

筆者向威姆坦白「不相信佛艾斯」之後覺得很尷尬，沒再打電話、寄電子郵件給他。不過為了寫作本書又看了一遍《Files on JFK》，幾天後傳了一封電子郵件給他，但他的回答就像夢話。

威姆　秀次，你是怎麼買到我的DVD的？

奧菜　我不是跟你買的嗎？你忘了嗎？

威姆 日本節目都播了我的DVD，不知道日本業者對我的DVD有沒有興趣？你幫我推銷看看嘛。

而我的回答和三年前一樣，「甘迺迪遇刺案在日本是冷門議題，不像能賣，要推銷DVD我想很難。」

《週刊新潮》（二〇〇八三月二〇號）的「解僱通告單元」，以〈鳥越俊太郎參與日本電視台《甘迺迪遇刺案》節目造假〉一文評論該節目。

土田宏教授也發表他的看法。

這節目真荒唐，佛艾斯的證詞造假在專家之間早是定論。就算在現場發現了留有齒痕的彈殼，但那是案發二十五年後的事了。再說，那是不是佛艾斯的齒痕也還不確定。

佛艾斯的自白是胡言亂語，收錄證詞的DVD可以在網路上購得等事後來也遭人指正。對次，鳥越俊太郎再度發言。

我事前完全不知情。佛艾斯的證詞符合邏輯，檢驗也看不出可疑之處。可是如果DVD（早已在市面上販售）的事是真的，那我想事實就是這樣（電視台誤導觀眾）。

據我打聽到的，日本電視台並沒有強迫來賓配合演出。

鳥越運氣也真是差，所謂無三不成禮，如果再發生類似情況，我建議他還是看開點地說：

「我是想締造參加造假節目的大滿貫紀錄啦！」

就這樣，這篇附錄的開場似曾相識，收場也似曾相識。

第四章　誰住過惡魔之屋？——鬼屋傳說的來龍去脈

一九七七年十一月，有本書在美國大為暢銷，書名叫《鬼哭神嚎》（*The Amityville Horror*）。內容描述魯茨一家搬進三年前屋主長男持來福槍殺害雙親與四名弟妹的凶宅，他們住在凶宅的二十八天中遇到了許多無法解釋的怪事。

這本小說隔年被改編成電影，當時驚悚片、鬼片正熱門，電影上映後相當賣座，創下獨立製片電影八年沒被打破的票房紀錄。

那之後過了三十年，日本讀者頂多只記得書很暢銷，電影很賣座吧。不過在美國這本書後來發展成系列，一共出版了六本書；包含第一部電影的重新製作版本在內，系列電影共有八部。

與持續推出新作的《星際大戰》（*Star Wars*）齊名，「鬼屋傳說」（Amityville saga）系列就此誕生。純樸的紐約州艾米提威小鎮，也因此成為一個教人聞之喪膽的小鎮。

《星際大戰》是科幻小說，是幻想故事，只要身兼導演、製片、編劇的喬治・盧卡斯有心，系列作可以一直出下去。相比之下，《鬼哭神嚎》是真人實事改編，要怎麼發展出系列作品呢？飽受惡魔折磨的主角魯茨一家人從第一部小說開始，不斷現身續篇、再續篇，甚至還有專屬網頁。直到他離世為止長達三十二年的時光，這齣北美恐怖電影版的《來自北國》、《男人真命苦》（譯註：以上兩部都是日本知名的長壽電影系列。）的主角到底是怎麼演下去的呢？進入二十一世紀後，一個名叫吉娜汀・狄佛的女性突然現身，道出天倫血案被害人家庭的「驚人事實」，她帶來的謎團又再次迷惑了人們……

★★★★★★★★★★★★★★★★★★★★★★★★★★★★★★★★

「惡魔之屋」的怪事

一九七五年十二月十八日，經營土地調查公司的喬治・魯茨與妻子凱西，以及凱西與前夫生的三個小孩搬到位於紐約州艾米提威海洋大道上的一棟房子。這房子以八萬美金的超低價售出，理由是前年十一月十三日這棟房子曾發生一起凶案。前屋主家的二十三歲長男羅納德・狄佛被「殺死他們」的惡魔之聲引導，以來福槍擊斃了雙親、兩個弟弟和兩個妹妹。

搬進新家僅僅二十八天，魯茨一家除了寵物狗，幾乎什麼都沒帶在豪雨中逃離這棟房子。因為他們住在這棟房子的期間遇到各種難以置信的怪事。

搬家當天，魯茨一家的友人法蘭克・曼科索神父（真名是拉爾福・佩科拉爾）帶著聖水來幫他們進行袚除儀式，在一間沒有人的房間他聽見一個憤怒的男聲說：「滾出去！」回家路上神父的車失去控制，被一股無形的力量推至路肩，引擎罩彈跳起來，撞碎了擋風玻璃。他的雙手還出現類似耶穌聖傷的紅色斑點，斑點起了水泡，甚至出血。神父打電話到魯茨家，但每次講到一半電話就斷線，似乎有一股力量不讓神父接近魯茨家。

還有，喬治每晚就寢後總是固定在凌晨三點十五醒來，怪事不斷發生。

廁所裡出現黑色黏液，明明正值寒冬家中卻有大群蒼蠅，屋內惡臭瀰漫；重達一百公斤以上的玄關大門被破壞得粉碎；陶製獅子像自行移動位置，原本緊閉的嘴像要威嚇喬治般呲牙裂嘴；家中的十字架被倒置過來。女兒梅西也開始跟看不見的「朋友」——大豬「裘迪」說話。魯茨夫婦有次在黑暗中發現閃著紅光的眼睛，衝出門外察看，發現雪地上有野獸的蹄印。裘迪原來確實存在！

怪事愈演愈烈。每天夜裡都有樂儀隊在家中行進，凱西就在喬治眼前從床上漂浮起來，外表變得像九十歲的老太婆。牆上出現綠色的黏液，夫妻倆在地下室發現漆成紅色的奇妙小房間，一個長得很像喬治的人物——羅納德・狄佛的臉浮現眼前。他們養的狗哈利很害怕那個房間，不敢去地下室。

當喬治去他們家附近的酒吧「魔女的肉汁」時，店員把他誤認成羅納德。喬治到圖書館調查狄佛家的命案，發現自己長得愈來愈像羅納德，而他每晚固定醒來的時刻就是這棟房子凶案發生的時刻。

喬治決定逃離。但豪雨就像要困住他們似地突然襲擊，屋裡出現可疑人影，窗戶被打破，屋裡出現綠色黏液，魯茨一家好不容易才逃了出來。然而，搬到新家後，那種飄浮不定的感覺再次侵襲喬治，他驚醒過來，又聽到那熟悉的「聲音」。他已不陌生的黏液從樓下蔓延而上，飛濺到他身上，它們仍舊不肯放過他……

他們一家的經歷首先是透過犯罪小說家保羅・霍夫曼（Paul Hoffman）之手發表在《好管家》（*Good Housekeeping*）雜誌上。

接著，電影《大法師》（*The Exorcist*）的編劇傑・安森（Jay Anson）整理他們的體驗寫成《鬼哭神嚎》一書。一九七七年十一月，這本書在全美推出，連續十個月打進排行榜前十名。乘勝追擊製作的同名電影《鬼哭神嚎》也一樣賣座。

這起不可思議的事件因此在美國歷史上留名，美國人只要一聽到「Amityville」這個字就會聯想到「恐怖」一詞。

如果在美國雅虎網站輸入關鍵字「Amityville」檢索，大約會產生三百二十萬筆資料；改為「Amityville Horror」檢索，也會有一百四十八萬筆資料。這個地名顯然已成為恐怖的同義詞。

露出馬腳

一九七三年賣座，最近才重新翻拍的電影《大法師》故事是神父試圖拯救一位被惡魔附身的少女，惡魔與人類的鬥法。這部電影的原作是改編自「事實」的小說，因此就算內容加入幻想情節也不會造成問題。再說，當時也無法訪問成為角色原型的當事人和案發現場，不可能對故事內容進行檢驗。

如今，《大法師》取材的原始事件已經明朗，故事中被附身的少女芮根在現實中其實是個小男生，為了顧及個人隱私，作品更改了角色的性別。而且故事中大部分的附身現象都是杜撰的。後來也知道，小男生是因為精神狀態不穩才假裝被惡魔附身。

然而，《鬼哭神嚎》的情形不同，這部片的副標是「真實故事」，以「真實世界的大法師」

為號招大肆宣傳。作者安森也在該書的後記強調內容全是真人實事。

在我確認的範圍內，本書記載的所有事項都是真實的。利用錄音重新建構出魯茨夫婦在艾米提威的房子裡二十八天的生活，過程艱辛，甚至可說是痛苦。我們一邊對照雙方的記憶，透過口述最後終於盡可能忠實地完成了這二十八天的「日記」。

喬治與凱西不僅在事件細節的描述一致，針對他們兩人的印象與報告後來也大都透過曼科索神父和當地警察等證人的證詞得到證實。（摘自日譯版二六一頁）

由於採訪得到當事人，也能到現場進行勘驗，再加上這起事件如此壯烈悽慘，這本書一發行媒體立刻展開調查，驗證書中的內容。

在書中提到了有幾天的氣候與當天發生的異狀。

像是在一九七五年十二月二十六日有這樣的紀錄：

五點半，吉米來迎接姊姊、男儐相與孩子們。只要在七點以前抵達阿斯托里亞・梅納就行了。從艾米提威到皇后區，走日昇高速公路最快。平常到阿斯托里亞頂多只要一小時，但剛才的一場小雪使得道路濕滑，再加上今晚是週五，交通阻塞可能會嚴重一點。吉米考量到這點，提早來到魯茲家。（摘自七九至八〇頁）。

這段文字是為了隔天二十七日發生的怪事布局。那一天，屋裡異常凍寒。

那位前修女站在玄關。她穿著黑色的舊羊毛外套，加上防雨鞋套，打扮樸素，嬌小又骨瘦如柴，年約三十多歲。她表情疲憊，兩頰被凍得通紅。這時天空已經完全放晴，氣溫在十度上下。（摘自八六頁）

喬治領著泰瑞莎進屋，帶她繞著一樓參觀餐廳與大客廳後，感覺屋子裡有一股寒氣——在泰瑞莎嬸嬸到來之前他沒注意到的凍人寒氣。

嬸嬸進屋後也感覺異常寒冷。喬治看了一下溫度計，刻度顯示為華氏七十五度（譯註：約攝氏二三・八九度。），但他忍不住想去生火。（摘自八八頁）

這天紐約下著小雨，溫度在華氏三三度到五三度之間（攝氏約〇・五六度到一一・六六度）。外頭那麼冷，屋裡自然也很冷，硬要去說那股冷意奇怪才奇怪呢。

以上描述不過是有些奇怪而已，接下來的兩段描寫就如同文字所述已是超乎異常了。一九七六年一月一日，夫婦倆看到了女兒梅西口中的「大豬朋友裘迪」。

（凱西）發出淒厲的尖叫。

隔著喬治的肩膀，凱西瞪大雙眼看著客廳的窗子。窗外凝視不動的紅眼珠死盯著回望著她！喬治聽到妻子的尖叫迅速轉身，也看到那對彈珠般的眼睛凝視著屋內。他撲身去打開電燈，那雙眼睛因玻璃的反射失去了蹤影。

「喂！」喬治大喊著，猛地衝向門外的雪地。

客廳窗子開在屋前，到大門用不到兩秒鐘，但窗邊已經不見任何東西。

「凱西！拿手電筒來！」喬治喊道，雙眼凝視著屋後艾米提威河的方向。凱西帶著手電筒與連帽毛皮外套出來，他們站在方才那對眼睛出現的窗檯下，搜尋剛積雪不久還沒被破壞的雪地，手電筒的黃色光暈照出屋角有一排腳印。

那腳印不是人類的，是蹄的足跡——就像有隻大豬剛走過去。

直到隔天早上，喬治還看得見在雪中凍結的蹄印。（摘自一三二至一三三頁）

然而，那一天紐約並沒有下雪。

還有，關於他們看到的紅眼睛，也可能是他們一直盯著壁爐火焰再看暗處時發生的視覺殘像。

由於遲遲無法把魯茨一家趕出房子，惡魔從一月十三日晚間開始破壞屋子，書中提到那晚的天氣，「傍晚六點了，暴雨仍沒有停歇的跡象，宛如全世界的水都傾倒在海洋大道一一二號上了」（二四〇頁）、「連暴風或大雨是否停歇了都無法確認，雨水瀑布般傾洩家中。他有種預感，今晚別想踏出海洋大道一一二號一步」（同頁）。

據資料這天紐約只下了小雨，惡魔總不可能只在魯茨家附近降下猛烈豪雨吧（如果是真的，那就可怕了）。

外行人也看得出的矛盾

光是看書就能指出數處矛盾。

「凱西浴室的門在主臥室裡」（四五頁），但這樣的描述與書中刊登的房間格局圖不符。蒼蠅大量出現那天，馬桶內也湧出大量黑色液體。凱西說：「怎麼回事，達尼？上次洗臉台下不也是這樣！」（同頁）透露屋內其他地方曾發生同樣的狀況，但書中並不見當時清掃的描述。

艾米提威的警察阿爾・強菲利德巡查部長這麼向曼科索神父說明狄佛家的命案，「簡單地說，一九七四年十一月十三日那天，羅納德・狄佛趁晚餐時讓家人喝下安眠藥，等他們藥效發作後，再以高性能的來福槍殺死全員。在法庭上，羅納德宣稱是聽到一個聲音命令他這麼做。」（摘自九五頁）但羅納德在槍殺家人前先讓他們喝下安眠藥的說法是早期報導的錯誤，顯然這段台詞是作者傑・安森虛構出來的。

地下室有個暗門，打開來是個奇怪的房間，「房間很小，四呎乘五呎大小。凱西不禁喘息，因為這房間從天花板到地板都漆成了紅色」（九二頁）。走出房間時，喬治發現壁板上「忽然浮現一張臉，雖然旋即消失但十分清楚。幾天後，喬治突然意會到那是羅納德蓄了落腮鬍的臉」（九三頁）。但實際勘察過現場的靈學專家史蒂芬・卡布朗說，該處只是一個幾乎稱不上房間的窄小空間。

喬治造訪當地的酒吧「魔女的肉汁」，意外發現那裡是狄佛從前經常光顧的店，酒保看到喬治時驚訝地說「天哪，你跟這附近的一個年輕人簡直像一個模子印出來的，一瞬間我把你當成他了呢」（九九頁）。現實中酒吧的店名是「亨利的酒吧」，書中是為了配合鬼故事的氛圍才改成靈異風情的「魔女的肉汁」。另一方面，羅納德外表「瘦長，淺黑色頭髮」，而喬治則是「體形健壯，膚色偏白，一頭濃密的蓬鬆金髮」，不可能會有人誤認這兩個人。若要說相似之處，只有兩人嘴邊都蓄著鬍鬚，難不成只要是留鬍子的人都長得像羅納德嗎？

只要透過網路很容易找得到兩人的照片，他們確實有些神似，但還不到會認錯人的程度。如果是看彩色照片，他們外觀的不同更是一目瞭然。

一月六日，曼科索神父與友人萊恩神父、行政人員等人針對魯茨家的靈異怪事商討對策，萊恩神父說「北卡羅萊納州德罕市的杜克大學裡有位超心理學的專家萊因博士」，建議他與該「調查機構」聯絡（一六五至一六六頁）。天主教會神職人員竟會把自己的業務範圍委託學者調查，這種案例可說前所未聞，再說該大學早就沒有調查機構，萊因博士也已經退休十多年了。

至於梅西的「朋友」是個重要角色，書中也刊載了她畫的「我的豬朋友裘迪」的圖畫。不過魯茨家在出書之前接受媒體訪問好幾次，從不曾提過裘迪的事。

魯茨家的狗哈利在一月十一日進入地下室，在地下室繞了一圈後衝上樓，似乎很怕地下室的房間（二一八至二一九頁）。隔天半夜有「讓哈利進地下室」的描寫（二三三頁），看來牠似乎不怕那房間了。再一隔天，「喬治到地下室拿柴火。哈利小跑步跟到地下室門口，卻不願與喬治一起下樓」（二四二頁），這幾處顯現狗兒的反應每天都不一樣。

而隨著面對的媒體不同，魯茨家遇到的靈異現象似乎也愈來愈多了。

檢驗現場發現的疑點

當記者到現場進行調查後，靈異現象的說法出現破綻。

魯茨家說惡魔破壞了門窗和樓梯扶手，但後來的住戶沒發現屋子有重新粉刷或整修的跡象。詢問附近的房屋修繕公司，也沒有找到承包這棟房子修復工程的廠商。還有，除了這棟房子，附近大部分居民都有房子紗門被風颳壞的經驗。

書中提到艾米提威警局接到魯茨家的報案電話出動過好幾次，但記者中有一人正好是該警察局局長的孫子，他父親說警方從沒為這件事出動過。

書中也提到艾米提威警局的卡馬羅特刑警，但他本人表示從沒聽說過這起事件。因為如此，這本書後來改版時將與警方相關的情節都進行了修改，例如艾米提威警局改為長島警局，卡馬羅特刑警改為薩馬羅特刑警。

而且，曼科索（佩科拉爾）神父表示是在魯茨家搬來後才認識他們，雖然有過不可思議的體驗，但他並沒有為他們進行淨化儀式，甚至根本沒進過房子。

神父過世後，也查出喬治曾送神父一部車。

調查這件事的史蒂芬・卡布朗諷刺該書應該說是「出版界的恐怖故事」才對。

庫洛馬提家的災難、分裂的關係人、造假過程、互扯後腿與訴訟大戰

該書的〈後記〉提及了這棟問題房子後來的情形：

> 自從本書問世後，海洋大道一一二號再也沒發生任何靈異現象。但這是說得過去的，因為靈異現象——特別是鬧鬼嚴重的——大部分來得凶去得也快，也不會復發；許多超心理學家都注意到這種狀況。

那麼魯茨一家人搬走後，搬進來的吉姆與芭芭拉——庫洛馬提夫婦是否如安森所說過著不被惡魔騷擾的幽靜生活呢？很遺憾，沒這麼順利。靈異現象消失後，取而代之的是看熱鬧的人從世界各地蜂擁而至，想來一睹鬼屋實貌並尋找裘迪豬。

庫洛馬提家為了不被觀光客找到，把房子地址從一一〇號改為一〇八號，並在房子最具特色的三樓半月形窗戶底下，加裝上一個假窗戶，希望藉由改變房子的「面相」混淆觀光客的目光，可惜只是徒勞。

電影於一九七九年七月二十九日首映。同一時間，曾在法庭上為羅納德・狄佛辯護，與魯茨一家有短暫合作關係的律師威廉・韋伯突然跳出來說該書的內容造假。

根據韋伯的說法，本是他想寫一本關於狄佛家命案的書，他向魯茨夫婦提出這個構想，結果大家一邊喝酒一邊閒扯出鬧鬼的情節。

如果宣稱在房子裡的感覺很不對勁並寫成書，律師便能以羅納德是被附身的說詞為他辯護，合理化這個說法（好幫他減刑）。

韋伯把命案現場的資訊提供給魯茨夫婦，他們再根據這些情報編造情節。

警察作證命案現場傳出惡臭，根據這點他們捏造出屋內有惡臭的現象；知道遺體所在之處出現蛆，他們編造出現大量蒼蠅的異狀；命案發生在清晨三點十五分，他們便說喬治總是在同一時間醒來，夢見狄佛一家人。至於那隻名為裘迪的豬，則是因為他們很討厭鄰居養的一隻大暹羅貓，平常都以「豬」來稱呼牠，因而得到靈感。韋伯給魯茨夫婦看的現場照片中，有警察用來採集指紋的粉末後來變成綠色、清洗手上粉末的污水流到馬桶後變成黑色等光景，推測他們是因此捏造出牆上流出綠色黏液、廁所出現黑色污水等現象。

二〇〇〇年的調查節目──美國歷史頻道《真實的追尋》請來韋伯上節目說明事情始末。

> 住進狄佛家的房子，好利用狄佛家的命案牟利，這就是魯茨夫婦的目的。
>
> 我跟魯茨夫婦第一次見面就談了五、六個小時。他們很慷慨，開了好幾瓶酒招待我。我就

是在那時候告訴他們門上、廁所以及窗框周圍污泥的事。

我還說，有人把這些些情況當成靈異現象看待。

但這些不過是為了牟利的小手段，並不是實際發生的事。

魯茨夫婦與安森合作出書後，韋伯以造假和違反出版合約等罪名控告他們，案子最後是魯茨夫婦支付韋伯賠償金，以和解作結。相對地，魯茨夫婦也控告韋伯、第一個撰寫報導的保羅・霍夫曼和刊登報導的出版社侵犯隱私權，宣稱他們是為了保護從九歲到十二歲的三名子女不受社會偏見傷害。然而，他們積極地召開記者會，大肆宣傳鬧鬼傳聞，主動提供自己與孩子故作姿態的照片給電影的宣傳媒體，以致他們的控訴遭到法院駁回。

雖然情況變得複雜，但喬治後來終於鬆口承認沒看到眼睛發光的豬，也沒聽到樂儀隊的聲音，或者漂浮在空中等書中描述的靈異經歷。

在獄中服刑的狄佛也坦承聽到惡魔說「殺死他們」的聲音才動手殺害家人的說法是謊言，這是韋伯為了上訴與利用出書賺錢所訂的計畫。

首先，韋伯與魯茨夫婦合作編出鬼故事，錄下造假內容。然後安森再加進一些自己寫的腳本《大法師》的劇情元素，寫成一本書。這便是事實真相。

庫洛馬提夫婦以散播謠言使得己方隱私受到侵害的名義控告魯茨夫婦、作者安森以及出版社等，要求數百萬美金的損害賠償。

夫妻透過書面文件發表聲明。

長島上的寧靜小鎮艾米提威因為不實謠言而變成令人反感的所在，可能再也無法恢復名譽了，這可說是長島版的水門事件。就算出版社與作者並不相信他們兩人的謊言，但他們也沒有權力以「真實事件」的名義印刷及出版這本只能說是小說的書。

法院裁定魯茨夫婦必須支付庫洛馬提夫婦十萬美金以上的賠償金，事件最後以和解收場。

「幽靈的真面目，一株枯萎的芒草」——惡魔可悲的真面目

雖然《鬼哭神嚎》不過是以非小說體裁撰寫的小說，但書中確實隱含了一點實情。例如：

「（喬治）等待睡意再度來臨，期間他思考了自己的處境——與帶著三個小孩的女人結婚、高額的房貸、艾米提威鎮比鹿園高三倍的稅金。新快艇是有必要買的嗎？該如何支付全

部花費呢？由於嚴格執行抵押制度，長島的建築業一直處於不景氣狀態。如果銀行銀根不鬆綁，不景氣的狀況不可能改善。如果民眾不蓋房子、不買房子，誰還需要土地調查呢？」（三六頁）

「凱西不能多說一句話。丈夫今天第一次對孩子們發脾氣，而且不過是為了件小事！昨天他的心情沒有特別壞啊。」（四〇頁）

「接下來兩天，魯茨一家出現集體的人格變異，就如同喬治在事後所說，『不是一下子改變，而是一點點，從各部分開始轉變』。像是他變得不修邊幅，不洗澡，彷彿在遵守某種戒律。以往他總是盡可能把時間奉獻給工作，兩年前為了服務南岸地區的客戶，他還在榭里設置一間辦公室。但現在他想上班才出現，對屬下發出不合理的命令。因為需要錢，逼著部下在週末完成工作。在新房子的地下室設置工作室的計畫也完全不管了。」（四一頁）

「孩子們惹得他很焦躁。自從搬家以來，他們都變成不聽話的討厭鬼、難以控制的怪物，一定得祭出重罰。

「提到孩子，凱西也有相同感覺。與喬治一觸即發的緊張關係，讓凱西戰戰兢兢，她又想趕在聖誕節前把家裡整理好，整個人十分焦躁。搬家後第四天晚上，她發了一頓脾氣，與先生一起用鞭子和粗長的木湯匙修理了達尼、克莉絲與梅西一頓。

「因為孩子們打破了遊戲間的半月形玻璃窗。」（四二頁）

「凱西忍著睡意等丈夫上床。昨晚她數著丈夫的吐息，心中尋求愛撫。搬家後喬治沒再碰過老婆。從七月結婚起他每晚都會跟她親熱，但在十二月十八日到二十七日之間，他完全沒碰她。」（八五頁）

……聽說魯茨一家人只住了二十八天就逃走了，他們廉價出售家具，但家具都是便宜貨，幾乎都賣不掉。

就算沒碰上靈異現象，這家人的問題也堆積如山。居住地的高額稅金、工作不順導致失去工作意願而拒絕上班的先生、難以管教的孩子、無性生活導致欲求不滿的妻子、家庭暴力……他們逃離的最大理由其實是荷包見底而付不出房貸，很常見且極為現實。

為了籌措金錢，魯茨夫婦把當時流行的靈異故事賣給媒體。出於不得已的理由，惡魔於焉誕生。

成了「修訂版」的平裝本

由於書一出版就遭指控造假，為了把情節改得更像真的，出版社每次改版都會進行修訂。

葛登・史坦因（Gordon Stein）編修的《詐欺百科大全》（*Encyclopedia of Hoaxes*）收錄了歷史上的各種造假案例，該書把《鬼哭神嚎》分類在「改變歷史的謊言」項目，並對作者安森的造假手法評論如下：

> 安森也太粗心了。為了想快點寫完而留下種種矛盾。像是每改版一次，房屋隔局圖就變一次，平裝本與精裝本有明顯的不同。

筆者一字一句地比較初版的精裝本和最新出版的平裝本，檢查兩者的差異。

除去標點符號的更改、以斜體字表示強調的部分、「Was」修改為「Wa」等錯字訂正、「merely」更改為「only」等同義詞的變更、本來以專有名詞表示的「Rectory」改為一般名詞「rectory」、句子的前後順序……等與內容無關的地方不看，修改情節的部分超過六十處，有部分甚至是整頁改寫。

精裝本發行以來遭人指出的錯誤，或因內容毫無根據而被提告的部分，這些爭議點都在最新版本中進行修改。

由於前文提到的理由，接受報案的警局從「艾米提威市警」改為「薩福克郡市警」，接受報案的刑警也從「卡馬羅特」改為「札馬羅特」。

在此引用一段內容讓讀者了解變更的理由。精裝本對於曼科索神父遭遇的怪事描述如下：

曼科索神父八點後離開母親的家，準備返回司祭館。車子開上皇后區的凡威克高速公路後，就連人帶車像被一股力量給推到右邊路肩。神父慌張地查看四周，但五十英尺內一輛車也沒有。

他把車開回中央沒多久，引擎罩突然彈開，擊破了擋風玻璃。一個焊接的鉸鏈斷了，右邊車門打開！神父死命踩煞車，車子隨即停下，動也不動。

神父嚇得全身發抖，衝向電話亭打電話給住在附近的神父朋友，搭朋友的車到汽車修理廠，向修理場借了拖吊車。但回到高速公路上後，修車廠的人也無法發動他的**VEGA**車。曼科索沒辦法，只好把車留在修車廠，請朋友開車送他回聖心司祭館。（摘自《鬼哭神嚎》日譯本三二頁，粗體的強調部分為引用者所加）

這段內容是描述惡靈為了不讓神父訪拜魯茨家，故事讓他的車子暴衝，給予嚴重破壞。但不知為何，平裝本中神父的車竟從VEGA變成福特。

前文提到的歷史頻道節目《真實的追尋》請來史蒂芬・卡布朗的妻子羅桑妮說明改變內容的理由。

> 精裝本中，神父的車行駛在公路上時引擎罩突然彈開撞破擋風玻璃，但VEGA雪佛蘭的引擎罩是在相反側，在平裝本便把車子品牌改為福特。

原來全是為了替造假的內容圓謊。

她在與丈夫合著的《艾米提威的恐怖揭密》（*The Amityville Horror Conspiracy*）中，點出二十七處變更的地方以及變更的理由。

以下引用幾個代表例子。

在最初的版本中（以下省略「在最初的版本」的提示），曼科索神父「位居主管區高職，在北梅瑞克的司祭館有自己的住所」（二八頁）。

「拿起報紙很少讀新聞，只看《Broomhilda》與《Peanuts》漫畫。」（二九頁）。不過在後來的版本（以下將省略「在後來的版本」的提示）變更為「非常受他人尊敬，在長島司祭館區有自己的住所」、「拿起報紙很少讀新聞，只讀自己有興趣的主題」。這是因為教會對於最初版本的內容提出抗議，也可能是作者自行判斷把神父寫成看報紙只看漫畫並不妥當。

在十二月十八日的內容，曼科索神父「預定到皇后區的母親家吃飯」（三〇頁），順路拜訪狄佛家之後，再「前往皇后區」（三一頁）。他母親家的地點後來變更為「那索區」，但神父依然「前往皇后區」。

十二月二十四日曼科索神父在魯茨家中「打電話給任職於那索郡警局的朋友」（六二頁），後來改成「撥了只有在緊急時刻才會打的電話號碼」。這是擔心如果指出具體的聯絡對象會留下把柄吧。

十二月二十九日之後，曼科索神父「雙手手掌出現紅斑」（一〇九頁）他十分苦惱，最後斑點變得紅腫，「他翻過雙手，發現掌心都是血，紅腫的部位都出血了」（一二六頁）；這部分更改為「雙手手掌紅成一片」、「他翻過雙手，手掌散發異臭，腫起來的部位紅得像是火燒一般」。原本的描寫讓人很容易聯想到聖傷，作者似乎是覺得太過刻意才進行修改。不過，「在司祭館裡，曼科索神父把手浸泡在溶液裡，發現手掌的出血止住了」一句卻忘了修改。

神父為了手掌的紅斑祈禱。「方才在屋內設置的私人祭壇祈禱，想找出雙手手掌流血的原因」一句，改成了「方才神父在屋內祈禱，想找出手掌嚴重搔癢的原因」。修改流血設定的理由前面已經提過，而更改神父祈禱的地點則是因為天主教禁止在屋內設置私人用祭壇，造假的事會因此敗露。

內容變更處還有許多，要全部列出實在沒完沒了，最後提出結尾的變更來結束這小節吧。

書中對於曼科索神父之後的動向是這麼交代的：

一九七六年耶穌受難日那天，曼科索神父的肺炎康復了。四月，他接到管區總主教的任命轉任其他教區，那裡離海洋大道一一二號有段距離，**儘管如此，那個屈辱的傷痕以及在那棟房子遭遇的恐怖仍舊殘留在他心中**。（粗體部分為引用者所加，摘自二六〇頁）

喬治後來的動向如下：

喬治賣掉威廉．H．佩里公司的股份，因為**與家人分開太久使他很痛苦**。然而，他強烈希望那些聽他說話的人能了解他。對那些不相信的、吊以輕心的人而言，邪惡的存在非常危險。

「那些東西實際存在，」喬治堅持這點，「只要有一點疏忽，他們就會把災難降臨在你身上。」（粗體部分為引用者所加，同頁）

新版中兩段文字粗體的部分都被刪除，推測是因為與書中人物的性格設定不符。《鬼哭神嚎》在開頭便言明「為了保護當事人隱私，特意更改登場人物姓名。不過在我們確認的範圍內，書中提及的所有事都是千真萬確的」。史蒂芬．卡布朗諷刺地說：「更改的真的只有名字嗎？」

現在的平裝本版本的作者後記內容沒有修改，依舊保留靈異風格、強調「是真人實事」等字句，但書名副標「真實故事」則已刪除。

買賣還在持續，永不停歇

以上揭露的內容大部分在電影開拍前就已經報導出來，但看來這對出版界和好萊塢似乎一點影響也沒有。

或許是書籍暢銷與電影賣座的緣故，一九八二年出版社又發行了續篇《鬼哭神嚎II》。雖然喬治從紐約海洋大道一一二號搬到東巴比倫，但他太吊以輕心沒有搬到其他州，搬得不夠遠，以致又被惡魔與蒼蠅追上，魯茨一家再度陷入恐怖處境。「喬治尖叫，又尖叫，持續尖叫」，書中淨是這種沒有寫作功力可言的描寫，可笑極了。

完結篇是一九八五年發行的《鬼哭神嚎——完結篇》。

最後，喬治終於打倒惡魔，看著黎明升起沉沉睡去，艾米提威的恐怖故事就此落幕。結局不算特別。最後則結束在凱西與喬治擁吻的一幕，又是常見的煽情結局。

可能是惡靈的執念太深，或者是完結篇賣得不錯，已經完結的系列又在一九八八年重新推出新作《鬼哭神嚎——惡魔的逃亡》。

這次的新作把凱西剔除在著作權人之外，內容描寫形形色色的被害者與惡靈交手的經驗，以故事集的方式出版。明明是號稱是真人實事改編的系列作品，但新作卻加了但書「**本書純屬虛構，書中人物、姓名、事件、地點和說明都是出自作者的想像，與事實無關**」，真是奇妙。作者約翰・瓊斯則在前言說明：「**與前二作相同，本書以小說體寫成。由於被害人還在世，書中人名與地點有所更動，但基本上是參考事實寫成的，書中內容是真人實事改編。**」

隔年一九八九年，本來被踢出主角名單的喬治又在《鬼哭神嚎——惡魔歸來》的新作中復活。

內容是喬治在新家又被惡靈纏上的故事。

一九九一年，《鬼哭神嚎——惡夢永不止息》出版，喬治不在著作權人名單，也沒有在故事中出現。這本書成了真正的完結篇（我想純粹只是因為書賣不好才沒有續集）。

故事內容是惡靈從海洋大道一一二號轉移到附近地區騷擾人們，體裁模仿系列第一作，以

「X月X日」的形式分段，以「第一天」做為章節開頭，比照魯茨一家住在惡魔之屋的時間，描述二十八個恐怖日子。

在美國，《鬼哭神嚎》的一系列作品被稱作「鬼屋傳說」。惡靈一會兒出現一會兒消失，第一作之後便沿習著日本《男人真命苦》電影的模式。

事實上，系列第一作是小說體，但第二作之後不是採非小說的體裁就是「非小說風格的小說」，形式的變化教人眼花撩亂。

系列電影總共拍了八部，其中有一部立體電影（PART3）。在日本也發行過這系列的DVD或錄影帶。二〇〇五年，第一部電影重新製作。

八部電影加上電視節目，總共製作了九件影像作品。全系列對於發生在那棟鬼屋的靈異現象的基本設定大都是虛構的。或許是系列作品的宿命，第一部作品拍得最好，續集品質和沒上院線直接發行錄影帶的小片差不多，質感很廉價，並不特別引人注目，只有重製版還算像樣。

第二部電影《鬼哭神嚎PART2》雖然名為續篇，但故事重心是放在魯茨一家之前的屋主──狄佛家的命案。劇作家似乎豁出去了，索性寫出完全虛構的劇情。被惡魔附身的長男接受驅魔儀式，結果身體裂開，怪物從體內爬出來；房子地下室出現一群長得像巨人老太婆的惡魔；快結束的時候，屋子發生爆炸，房子陷入一片火海（但這似乎只是神父腦中的意象，因為房子在下一秒又恢復原貌）；淨是一些粗製濫造的ＳＦ情節。

第三部電影《鬼哭神嚎PART3》同樣是在講到那棟房子調查靈異現象的人們遭遇的怪事。這部是３Ｄ電影，人物從畫面直逼眼前的特效多到不自然。與PART2一樣，房子最後爆炸了。由於筆者是兩集接著看的，一時還以為又是某個角色腦中的意象，但這次房子似乎是真的被炸毀，最後沒有恢復原貌。

ＤＶＤ附的解說文字中有一段註解：

> 關於從前出版的《鬼哭神嚎》一書，後來在美國傳出書中內容都是造假，後來的屋主向出版社與始作俑者的夫婦提出告訴。該書內容十分可疑。

《鬼哭神嚎——完結篇》則是製作成電視節目。影片開始房子牆壁流下血痕、大量蒼蠅群聚在窗縫，神父在進行驅魔儀式。惡魔被神父攻擊身受重傷，躲進一盞檯燈裡。後來檯燈到了別人手上，附在檯燈上的惡魔操控電源在持有人家中引起靈異現象，故事十分荒謬。被惡魔附身的檯燈外形像人，頭部是木製的，左右兩端看似衣架的支架可裝上燈泡，很像是人手，造形非常詭異。

《續集——鬼哭神嚎》中，那棟問題房子沒有出場。故事是一九七五年一個少年在艾米提威的司祭館開槍殺死神父後自殺，司祭館後來轉手他人，新屋主遭遇莫名的災難。這部片與系列作品的共同點只有地名、靈異現象以及槍擊命案而已。靈異現象有宛如少年化身的隱形狗在吠嚎、十字架突然從牆上掉下來、出現老鼠和捕鳥蛛、浴缸的水龍頭一直流出鮮血等，都是一些不怎麼樣的小把戲。劇情設定在一棟有多處損壞的破房子，以便宜的價格廉售。每次房子搖晃，主角們都嚇得半死，但看在觀眾眼裡真不知這是靈異現象作祟，還是純粹只是因為房子太爛了所致。電影最後女主角和被惡魔附身的男子纏鬥，用門夾他的手，踢他的臉，用電動打釘槍攻擊，但惡魔還是不死，女主角最後以長長的木樁刺進他的背，終於擊退惡魔。那瞬間房子劇烈搖晃，四周迴盪著叫喊般的怪聲，接著發生爆炸。

《鬼哭神嚎一九九二》故事開始在一個單親爸爸到紐約艾米提威出差時買了一個時鐘當紀念品，這個時鐘原本屬於一棟被拆除的房子。當然，也就是那棟鬧鬼的房子。彷彿有東西附在時鐘上，下方出現了一個像是鑽頭的長螺絲，貫穿了時鐘底座。這家人父親被鄰居飼養的狗攻擊，受到重傷，自此精神萎靡；女兒也被惡魔附體，開始誘惑男子，但男子上鉤脫下衣服後就給地板上出現的黑色污泥吞沒了。附近有一個老太婆有通靈能力，她發現了時鐘與那棟房子的關係，因此被惡魔殺死。父親開始為那棟房子做設計，甚至做了幾十個模型，模型房子的庭院甚至有寫上家族姓名的墓碑。後來父親的女朋友打倒父親，長男打倒了長女，最後只剩下父親的女朋友與長男倖存。長男設法破壞時鐘時，時鐘的指針突然以逆時針快速轉動，長男的生理時間倒轉，回溯到孩童模樣。父親的女朋友設法破壞時鐘時，時鐘的針則以順時針方向快速轉動，她的生理時間往前快轉，變成了老婦，但她耗盡最後的力氣以打火機點燃時鐘，結果，時鐘爆炸了，房子回復原貌，死去的人復活，時間也往回倒轉到電影一開始父親帶時鐘回家的那一幕。當紀念品的包裝打開，父親的女朋友一看到出現的時鐘，她發狂地破壞時鐘，離開那個家。

劇情還算有趣。錄影帶宣傳文案寫著：「**超越時空，今晚時鐘將把你千刀萬剮！**」

在《真・鬼哭神嚎》中，影片從流浪漢打破停車場一輛車的車窗行竊開始，以現代風格展開劇情。主角阿提斯特從流浪漢手中得到一面木框大鏡子，木框上有令人看了發毛的人臉雕刻。照到鏡子的人不是被無形的力量千刀萬剮，就是看見鏡中的自己上吊，而且身體不由自主跟著照做，上吊自殺。每次發生靈異現象，艾米提威那棟房子的影像便會出現在鏡子裡。主角夢見彷彿是狄佛家命案的場景，同樣的畫面也出現在鏡子裡。劇本應該是設定成原本掛在狄佛家的鏡子被惡魔侵入吧。後來，主角的外表愈來愈像狄佛，甚至差點持獵槍殺人，但最後主角還是戰勝惡魔，毀壞了鏡子。檯燈、時鐘也好，鏡子也罷，看來那棟房子裡很多家具都被惡魔附身了呢。

影片冗長又無聊，倒是錄影帶的宣傳文案挺有趣的，像是「現在，惡魔已經進化了！」、

「系列最新作！進化篇！」。

《鬼哭神嚎最終章——吵鬧鬼》描述再婚的一對夫婦各自帶著前任婚姻所生的小孩搬到新家，結果在儲藏室發現艾米提威那棟房子的迷你模型屋，尺寸有一個人高，裡頭還有手工縫製的玩偶。在派對上，丈夫把模型屋送給妻子的女兒當禮物。電影中前任屋主一家是命喪火窟。這次他們（在房子本尊）遇上的怪事有：男主人看到以前那戶人家被燒死的小女孩的亡靈，妻子的二兒子看到過世的生父以半人半鬼的姿態出現，而且生父每次出現，身體的腐爛程度都更嚴重了。男主人的大兒子帶女孩到家中親熱，結果因為出現蜜蜂而打斷好事。女孩站在壁爐前看見小女孩的亡靈，逞強地說「我才不怕妳」，結果小女孩把她燒成一團火球。長男為此氣沖沖地責難父親：「都是你亂碰瓦斯管的緣故！」女主人在鏡子前自慰，她過世的前夫從背後出現愛撫她。她的二女兒注意到模型屋的異狀，發現每當她觸碰模型屋，現實中的家就會火花四濺，她把自己的發現記下來，製作一份觀察紀錄，或該說是禁止碰觸的紀錄；男主人與女兒夢見房子爆炸，房子裡出現眼睛發亮、叫聲像貓的動物……整部片劇情稀奇古怪，看不出劇作家到底想傳達什麼。

最後父親與惡魔展開肉搏戰，不知是父親太強還是惡魔太弱，父親以手肘攻擊惡魔，壓制住對方；次男背叛生父的亡靈，把人偶丟進壁爐，惡魔立刻起火燃燒化為灰燼。接著長男帶回家的女友出現在他房間，取下假髮後出現燒傷的痕跡，女孩撲向長男。男主人與朋友發現壁爐是房子與惡魔棲身的模型屋之間的通道，他們穿過通道與惡魔對抗。父親聽從熟知模型屋結構的女兒的指引，打開房子最下面的門，因此得以從異世界脫逃。父親把模型屋丟到壁爐燒毀，一家人開著卡車逃離，房子也在同時起火爆炸，惡魔因此被消滅了，一家人埋怨是房子蓋得太差了……看來房子爆炸似乎已成了這系列的固定結局。

日本孩童取向的卡通《神奇寶貝》或《正義雙俠》結尾常是火箭隊或杜倫布等反派角色被炸上天空，嘴巴咒罵著消失在天際。筆者每次看這系列的電影，就會想到上述卡通的場景。爆破戲是搞笑漫畫的王道，難道《鬼哭神嚎》系列電影的創意程度和日本卡通和漫畫差不多嗎？

看完電影，筆者也解開這系列的一個謎。這棟房子容易爆炸，其實是因為瓦斯總開關沒關好的緣故。

與前次一樣，這回錄影帶的宣傳文案也比電影本身更有趣，「《鬼哭神嚎》最後反擊！你沒・辦・法從這棟房子逃出去！」。

目前最新的系列作品是二〇〇五年的重新製作版，與第一部電影使用同一原作，但在細節部分加入許多原創想法。製作團隊在結尾的字幕聲明「**本作是根據魯茨夫婦——喬治與凱西提供的故事，內容是根據事實拍攝，但因應劇情需要，劇中人物的對白、行動以及角色設定有部分是虛構的**」。可能是擔心電影會造成困擾，劇中房子的門牌號碼從一一二號改為四一二號；魯茨家小女兒梅西那個看不見的豬朋友「裘迪」也改成被兄長羅納德・狄佛殺害的妹妹的幽靈。曾在狄佛家幫傭的女性告訴魯茨家的小孩這棟房子的過去，這部分是新創作。在這部片子裡沒有警察出現，雖然有神父，但神父的戲份很少。神父接受凱西的請託，為房子舉行淨化儀式，結果遭到一大群蒼蠅攻擊，嚇得落慌而逃。一家人的逃亡方式也從在豪雨中開車離開，改成在豪雨過後的隔天搭乘小船離開，回頭眺望房子。

電影《鬼哭神嚎》系列就像日本的平成酷斯拉怪獸電影一樣，每回推出新作都會重新修改前一部作品的設定。觀眾如果連續觀看，一定會覺得混亂。

前文提到的《詐欺百科大全》對這件事評論如下：

把這個捏造出來的故事推銷給大眾的策略進行得很巧妙。雖然已經被揭穿過好幾次，但到目前為止，很少人知道有關這棟房子的所有故事都是造假。雖然有人嘗試揭露真相，但實在敵不過安森的書和《大法師》的人氣。（摘自二一頁）

這系列作品的最大功勞者就是第一本書的作者安森，但他品嘗成功滋味不久就因心臟病發於一九八〇年三月過世，得年五十九歲。

史蒂芬・卡布朗花了二十年寫書，卻在書即將完成之際因心臟病發於一九九五年六月九日去世，得年五十四歲。

拉爾福・佩科拉爾神父也於一九八七年過世。

喬治與凱西雖然離婚了，但兩人仍有志一同地堅稱書中內容是真有其事。出席《真實的追尋》節目時，凱西身體已經虛弱到必須戴呼吸器上節目。二〇〇四年八月十七日，她因肺氣腫過世。喬治因不滿重製的電影更改了原著設定向電影公司提告，但也在二〇〇六年五月八日因心臟病過世。他經營的「鬼哭神嚎官方網站」雖然失去負責人，至今依然還在線上。

「原案主」魯茨夫婦、「演員兼共犯」佩科拉爾神父、「作者」安森以及揭發他們造假的史蒂芬・卡布朗如今全都不在人世了。「鬼屋傳奇」的書與系列電影在成績每況愈下的情況下持續推出，第一部電影的重新製作版成績不盡人意，書籍作品除了第一部全都絕版了。

雖然還稱不上「黃粱一夢」，但隨著相關者化為塵土，故事也無法持續下去。

艾米提威變成教人聽了就發毛的地名，當地居民十分困擾，「希望媒體或電影公司能為我們想想辦法。那些事都是胡說八道，我們才不相信鬧鬼哩」。或許是受盛名所累，海洋大道一一二號這個地址已經不復存在，那個讓鬧鬼傳聞多了幾分真實感、讓人聯想到眼睛的三樓半月形小窗也整修過，房子外觀已經變得不同。

然而，那場引發鬧鬼傳聞的命案，狄佛家凶案之謎仍然未解。重製版《鬼哭神嚎》的宣傳影片中製作人提到幾個疑點：為什麼被害人都是趴著被槍殺？遺體沒有移動過的跡象嗎？為什麼兇手行凶那晚開了八槍，卻沒有鄰居被槍聲驚醒？

兇手羅納德・狄佛的妻子吉娜汀說：「我先生不是開膛手傑克、查爾斯・曼森（Charles Milles Manson）那種殺人魔，希望世人能知道真相。」我們也應該聽聽她的說法才是。

在世人眼中，羅納德・狄佛是獲利龐大的鬼屋傳說產業的一個關係人，一個為了脫罪假裝精神異常、宣稱被惡魔附身的人。其實，在那棟房子裡，上演過一場世人不知的狄佛一家的悲劇。

前文提到的是被揭露的謊言與揭露過程，接下來，我們將從吉娜汀口中聽到更醜惡的事實。

喬治為了籌錢而起了開端——和盤托出的女人

現住拉斯維加斯的作家里克・歐斯納原本相信魯茨家的惡魔傳說。喬治生前同樣住在拉斯維加斯。一九九九年，歐斯納見到偶像喬治，感覺像是做夢。但是經過一年的訪問，歐斯納失去對喬治的信任。

歐斯納當時已從凱西的孩子口中聽說喬治沒有付贍養費、鬼故事都是謊言的事，但即便如此，他還是相信喬治。不過喬治在受訪時的發言與他最早在記者會上的說明差很多，只是一味照著電影情節講述。另外，喬治給歐斯納看過他們逃離兩個月後房子內部的照片。照片上看來，樓梯上不見血跡，牆上也不見綠色黏液，也沒有破損的玻璃窗，房子整理得不錯。喬治甚至還收集了《鬼哭神嚎》的系列電影海報，簽名後要求歐斯納在網路上拍賣兩千美金，以致歐斯納決定與他斷絕往來。

這時歐斯納與吉娜汀相遇，知道了她與狄佛家的關係。他也訪問了在獄中的羅納德。

根據吉娜汀的說法，韋伯與魯茨夫婦早在搬家前就在編造鬼故事。當時她與魯茨夫婦、韋伯圍在桌前，一同商談羅納德的官司。

喬治說他們搬進那房子是為了在法庭上幫布屈（羅納德）。

他們夫婦好幾次詢問我關於布屈與狄佛家人的特徵，早已計畫搬進那房子，假裝在房子裡遇到怪事，甚至假裝感受到想殺人的衝動。喬治問清楚布屈的鬍子特徵，因為他要把自己的鬍子修成類似的形狀。

那時起凱西開始搓揉自己的頭部，看似靈感很強的樣子。

然而他們的所作所為實在太過分了，我站起來對他們大吼：「你們是我碰過最差勁的人！」之後他們就沒再找我了。

吉娜汀說韋伯與魯茨夫婦擬訂了計畫，並真的買下房子。那棟房子的仲介愛迪絲・伊凡思在二〇〇〇年過世，她先生曾向歐斯納表示，前妻生前曾說：「魯茨夫婦編了一個有趣的謊言。」

也就是說，魯茨夫婦很早就在編織周密的謊言。

歐斯納在書中也道出一家人慘遭殺害的驚人事實。

據說羅納德確實殺害了雙親，但其他三個手足是他妹妹妲恩殺死的，妲恩還把槍指向他，他們發生激烈爭執，然後羅納德射殺了妲恩。

羅納德向警察報案，偽稱家人遭人殺害。但警方根據現場狀況斷定命案是他一個人犯下的。而且為了配合這個說法，警方移動了遺體，竄改命案現場的狀況。

被害人全都趴著，開了八槍卻沒有鄰居被吵醒，這些離奇狀況都是當地警察對命案現場動了手腳的結果……這也成了鬼故事誕生的契機。

騙局一再上演

然而，就跟其他插曲一樣，她的「震撼告白」和「全家慘死的真相」沒多久就遭世人遺忘。

首先，在調閱吉娜汀的身分文件——類似日本的戶籍謄本後，發現她與羅納德的長女史蒂芬妮其實是她和一名叫做喬瑟夫・彼薩尼的男子的小孩。她在一九七四年四月嫁給該男子，如果再嫁給羅納德就是犯了重婚罪，當然不可能這麼做。她與羅納德的第二次婚姻，也就是他們在獄中結婚的時候，她也跟其他男性有婚姻關係。

除此之外，還找到她在九〇年代因其他案件在警局作證時簽名的調查文件，紀錄中她清楚說明她與羅納德不曾正式結婚。

羅納德在獄中批判歐斯納跟吉娜汀是為了出書聯手撒謊，他發誓：「我沒有提供重要資訊給他們。」

不過犯案當時羅納德的說謊病就廣為人知，他的證詞本身也有許多疑點。

謊言連篇，真是教人受不了。吉娜汀批評魯茨夫婦貪得無厭，但她自己也是一丘之貉。如果如歐斯納所說她不是為了錢，那她或許是想受到注目吧。

或許是受騙上當，也或許是說謊的共犯，遭到背叛的歐斯納在自己的網頁解釋，雖然沒找到他們的結婚證書，但他們的確過著夫妻生活，還出示了郡長發給羅納德與吉娜汀的那張不具法律效力的婚姻證明書。歐斯納還說吉娜汀不肯接受他的謝禮，沒有說謊的動機或好處。殺死三名手足的真兇妲恩當時的男朋友也作證認識吉娜汀，而她是因為受到威脅才宣稱自己沒嫁給羅納德……歐斯納搬出一堆不甚有說服力的藉口，還說想更清楚詳情要買書一探究竟，這本書在他的網頁上可以購得，趁此機會為自己的書打廣告。

羅納德・狄佛的真面目

一連串詭異故事的根本——殺死全家人的羅納德的真面目並不像鬧鬼傳聞那麼為人所知。如果知道他被逮捕時的狀況與判決的經過，就會知道這個殺人兇手與書本或電影塑造出來的神祕形象大不相同。

警方第一次接到狄佛家命案的通報是在一九七四年十一月十三日下午六點三十五分，電話中聽得到狗吠與女人的喊叫聲，一個男人通報：「我朋友衝到酒吧告訴我們，他回家後發現家人全被殺死了，我們趕到他家一看，所有人都死了。」第一位命案發現者，便是羅納德本人。

根據羅納德的說法，命案當晚他正好外出，回家後發現家人慘遭殺害。他咬定兇手一定是一個叫做法里尼的黑手黨成員，對方和他父親有來往。

警察搜尋屋子，從羅納德房間的一個凹處發現藏在紙箱裡的殺人凶器——三十五口徑的來福槍。

從現場狀況研判兇手除了羅納德不做第二人想，凶殺組的哈里森刑警開了口，「羅尼，聽好」，然後他開始誦念逮捕嫌犯前的告知內容，「你有權保持緘默，你所說的話都將做為呈堂證供……」羅納德陷入恐慌，大吼大叫地說：「我不是犯人，你們應該去逮捕法里尼才對！」

警察詢問羅納德命案當晚的行動，「首先，你在哪裡吃晚餐？」，羅納德回答「我沒跟家人一起用餐」，接著居然開始數落起他的家人。

我老媽煮的菜很噁心，她老是把材料全丟進碗裡拌得稀巴爛，看起來像大便，也臭得像大便，吃起來更像大便。

我的弟弟都是蠢豬。我們共用二樓的浴室，廁所在旁邊，他們把衛生紙丟在馬桶旁不管，大便都黏在馬桶上，廁所裡也常沒有衛生紙。

我妹妹妲恩是個死肥婆，總是聽黑鬼的蠢音樂，白天聽，晚上也聽。我叫她把音樂聲關小一點，我老爸就踢我屁股，我什麼都不能說。

審問中，他說在案發當晚聽到兩聲槍響，他一一巡視家人的房間，發現家人都被殺害了。警方說：「羅尼，你的家人都是被你的槍殺害的，我們無法相信你的話。」他反駁說：「那不是我的槍。」到了下一次審問，他說在睡夢中被他最早指控為兇手的法里尼和另一個男人以槍抵著身體，對方說要他看著家人被殺，「那些人就像瘋狗一樣殺死我的家人」。

對於他供詞不斷改變，刑警對羅納德說：「沒那回事對吧？你知道沒那回事對吧？」最後羅納德終於坦承：「我一口氣把他們全做掉了。一旦開始，我就沒辦法停下，一口氣就殺光了他們。」雖然沒交代殺人動機，但他開始描述殺害家人的詳細經過。

命案發生時狄佛在家裡幫忙家事，也就是現在所謂的尼特族。高中退學後他做過很多工作，但都因曠職而被公司解僱。

他有偷竊汽艇引擎的前科，也開車騷擾過心儀的女性而造成車禍，還持槍威脅他人；命案前幾天，有人目擊他與父親爭吵並動手毆打父親，嘴裡大喊著：「你這龜兒子，我要殺了你！」

在拘留所裡他告訴同房的犯人是為了錢才殺死家人，而且還恬不知恥地說在辯護時如果主張心神喪失，關個兩、三年就可以假釋。

從他平常的品行、對家人的憎恨、自白、不小心說漏嘴的殺人動機以及間接證據來看，他是一個喪心病狂的人。在法庭上，他否認做過殺害家人的告白，又說聽到雙親計畫要殺死他的對話，然後他看著電視不知不覺睡著了，醒來後已經不記得命案發生後的情況。羅納德的律師韋伯接受他的說法，以「犯案時處於心智喪失狀態」主張他無罪。

但同房犯人作證羅納德曾親口說出他的脫罪計畫與犯案動機。羅納德的弟弟，也就是家中三男約翰的同學證實命案發生前兩天，他曾在狄佛家地下室看到羅納德為了買新車而賴著父親要錢，遭父親拒絕後，羅納德毆打他的父親。

一九七五年十二月四日，陪審團以六起二級殺人案的罪名判他有罪。

直到目前，羅納德都還在紐約的監獄服刑。

如果《鬼哭神嚎》系列作品和電影提及了羅納德的胡言亂語、解離人格、是遭退學的尼特族、慣竊、有暴力傾向、跟父親索錢買車等令人鄙夷的犯罪動機，我想讀者與觀眾應該不會相信是惡靈命他殺死全家，也不會相信有惡鬼攻擊魯茨一家人吧。羅納德的真面目與鬼故事不相襯，這早在利用鬼屋傳說賺錢的出版社和電影公司的考量之內。

為了書與電影的銷售成績，殺人犯羅納德・約瑟夫・狄佛必須是個沒有思考能力的惡魔，一個恐怖的殺人魔。

描寫命案與審判內幕的《遠大的理想》（書名出自狄佛家門前的掛板上的題字）一書或許是為了嘲諷，也學《鬼哭神嚎》書名加上副題「真實故事」；相對於創始者的「True Story」，該書的副題表記為「The True Story」。

羅桑妮・卡布朗的笑

《鬼哭神嚎》裡什麼情節都有，筆者訪問了羅桑妮・卡布朗，請她回顧這起宛如美國民間傳說的事件。

筆者第一次打電話時是美國的深夜時間，幾天後我又重打一次。

我是在日本時間凌晨四點打的電話，擔心會爬不起來，筆者乾脆不睡，保持清醒狀態準備與她對話。熬夜的興奮與睡意的侵襲交互出現，再加上筆者的破英文，使得我們最初的對話一團混亂。大體上我是這麼說的：

「《鬼哭神嚎》系列電影我全都看過了。坦白說，除了第一部與重拍的那一部，其他部都很低俗，不好看。」

「最早的電影是以半紀錄片的手法拍的，後來幾部就直接當成故事拍了。」

「我花了數星期一字一句對照《鬼哭神嚎》初版的精裝本與最新出版的平裝本，如果早知道妳的書點出兩者的更動部分，我就不用浪費時間了。」

「《鬼哭神嚎》的精裝本與平裝本雖然書名相同，但內容根本不一樣了。」

「每集都有爆炸鏡頭，接近尾聲大概就猜得出『啊，房子差不多要爆炸了』。」

「為什麼這麼愚蠢的系列會一直持續下去呢？」

「魯茨夫婦到死都還在說謊。」

「喬治・魯茨又壯又胖，羅納德・狄佛很瘦，兩人外表根本不像。《鬼哭神嚎》的精裝本明明刊登了喬治的照片，為什麼美國讀者還會被『喬治覺得自己長得愈來愈像羅納德』、『凱西在圖書館找到羅納德殺人的報導時，覺得他長得很像自己的丈夫』這種謊言所騙呢？」

電話中我一個人說個不停，從中段開始她似乎終於了解我的主旨，也可能是我這個日本人的狂熱言論令她發噱，不管我說什麼，她都只是笑。

「是的，沒錯，奧菜先生。那本書的精裝本與平裝本根本就是兩本書。」

「那幾部電影你全都看完啦，真了不起！」

最後，我們談笑著掛上電話。幾天後我們進行了一場正式的訪談，詳見後述。

羅桑妮・卡布朗談美國民間故事

奧菜《鬼哭神嚎》精裝本的副書名是「真實故事」，平裝本卻沒有副標題，這是為什麼？

羅桑妮 因為我先生（已故的史蒂芬・卡布朗）已經揭穿他們（安森、魯茨夫婦、韋伯）的謊言，他們沒辦法繼續宣傳那本書是真實故事。

奧　菜　這本書在一九七七年出版時非常暢銷，購書的美國讀者真的認為那是「真實故事」嗎？

羅桑妮　當時大家都那麼相信，但我先生揭穿他們的謊言後，大家已經不那麼想了。

奧　菜　精裝本裡刊登了魯茨夫婦的照片，狄佛家的命案也曾在全美報導，照理說，大家都知道喬治・魯茨與羅納德・狄佛的長相才對，為什麼電影跟書硬說「他們酷似」的謊言還行得通呢？

羅桑妮　這我也不清楚，他們兩人確實一點都不像。

奧　菜　妳見過羅納德嗎？

羅桑妮　我沒見過他，但我知道他說詞反覆。

奧　菜　妳對那棟房子有什麼感覺？

羅桑妮　進去過就知道，那棟房子很清幽。

奧　菜　對於天倫血案、鬧鬼、蜂擁而至的觀光客，附近鄰居做何感想？

羅桑妮　發生命案時大家都很害怕，對於捏造的鬼故事則很氣憤，對於湧入安靜小鎮的吵雜觀光客覺得很不舒服。

奧　菜　妳對這系列的書和電影看法如何？

羅桑妮　那些都是捏造的。

奧　菜　系列書籍最初告知讀者是「真實」事件，第二本之後明明是杜撰的卻也宣傳成真實故事，前言還是以莫名奇妙的半紀錄式體裁寫的，為什麼這麼奇怪啊？

羅桑妮　只要能賣錢，他們什麼都做得出來。那些動作都是為了把書寫得像是真的。

奧　菜　書籍作者有時是魯茨夫婦，有時只有喬治掛名，為什麼會有不同？

羅桑妮　他們後來離婚了。離婚後，喬治就自己進行出版的事。

奧　菜　命案發生時有人開槍，但附近居民都沒被吵醒，這真是不解之謎呢。

羅桑妮　這我也不知道，警察也查不出來。

奧　菜　我再請教一個私人問題，如果卡布朗先生還在世，看到《鬼哭神嚎》系列電影至今持續上映，妳覺得他會做何感想？

羅桑妮　電影到現在還在拍，用陳年謊言騙人，如果我先生知道的話一定很不高興吧。

最後筆者請教她兩個女兒的名字。約好等本書出版後，會把謝禮、贈書以及寫上她與女兒名字的禮物贈送給她們。

筆友是殺人魔

有一本怪書《世界連續殺人犯的訪談集》（*Talking with Serial Killers*）也收錄了羅納德的訪談，該書在最後建議讀者與羅納德通信：「各位讀者，羅納德很愛寫信，請寫信給他。」於是我附上回郵信封，多放了幾張美國郵票，並註明多餘的郵票他可自行使用，寫了信給他。

「當你親手殺死自己的父親時，心中是不是很痛快？」我本想提出這類尖銳的問題，但後來還是作罷，改問幾個簡單的問題。

「《鬼哭神嚎》的書跟系列電影很賣錢，你有什麼感想？」

「電影和書是不是如實呈現了你這個人？」

「監獄生活如何？」

至今我仍未收到回信。

電影主角提供的「祕辛」

《鬼哭神嚎》的ＤＶＤ（最初版本）製作得很通俗，除了前文提到的歷史頻道的節目，也收錄了電影製作花絮〈演員吐露的製作祕辛〉。其中兩位主要演員——飾演喬治的詹姆斯・布洛林（James Brolin）以及飾演凱西的瑪格特・基德（Margot Kidder）嚴厲地批評原著，以下分別是布洛林與基德的意見。

那部片是經紀人幫我談的。

我當下質問他「這不過是低成本的鬼片吧？」，他回答「原作很暢銷，你看了就知道」，我照做了。我從晚上七點看到半夜兩點，腦中不斷浮現「喂，真的假的」這句話。故事進入最高潮時，我掛在門上的褲子突然掉下來，嚇得我都跳起來。實在很恐怖。我心想「這傢伙真厲害，電影一定會很賣座」。

喬治是很厲害的業務員，故事就像是真的，但可能只是他口才很好吧。說得太好反倒可疑。

我問他的家人或孩子有關靈異現象的事，他們彷彿受過訓練立刻就回答出來。我半信半疑地離開現場，但也沒證據指控他們說謊。

大家都問我「有沒有碰上什麼怪事」，我只好努力去找。大家都對鬼故事有興趣吧，不過我頂多只碰到「便當從桌上掉到腿上」之類的事。

演完《超人》（*Superman*）後，經紀人告訴我有個價錢很好的工作。工作與報酬是緊密連結的，但大家都不談錢，那只好由我開口了。

我會接下這工作是因為報酬很高。工作內容感覺也很有趣。

我沒想過這故事會是真的。當行銷部開始編造片場發生怪事的傳聞時我很驚訝，因為那根本是假的。

記者會作者也出席了，有記者問我相信這故事是真的嗎，我一時語塞，便把問題拋給作者，但他們只是含糊帶過。

該說魯茨夫婦的演技比這些專業演員更好嗎？對於他們到死都貫徹謊言，我們是否該給予讚賞呢？

發現鬼故事能賺錢的人們模仿魯茨夫婦的行為，明知是造假的事卻堅稱是事實，成了教人笑不出來的笑話。

奧萊之家——真實故事

在前面嚴厲地貶抑那些鬼故事，最後來介紹某人真正的恐怖經驗吧。順帶一提，說故事的是H・奧萊，可不是里克・歐斯納喔。

幾年前，我買了一間中古屋，價錢非常便宜。

我原以為是因為房子窄小的緣故。前屋主據說是對老夫婦，辦理交屋手續時進行得很倉卒，似乎很想趕快做成生意。姑且稱他們「山田夫婦」好了。

我搬進來幾天後，發現山田夫婦做事很仔細。這棟房子明明只有三間房，但是他們自己牽電線，整棟房子到處都可見插座，斷路器也有將近二十個。我還在想，山田夫婦真是愛惜這棟房子呀。

房子雖小，但我很享受居家生活。直到有一天，鄰居告訴我山田夫婦是被人殺害的，他們的屍體在沙灘被人發現。

啊啊，這時我終於明白這棟房子為什麼異常便宜了。

我搬家時正值冬天，晚上睡覺時寒風吹得窗戶嘎啦作響，我愈想愈害怕……

我不由得像漫畫《JOJO奇妙冒險》裡的角色那樣大喊著：「嗚……山田先生、山田太太，請你們快快往生西方極樂世界吧！」躲在被窩裡發抖。

各位讀者，如果你住的是發生過什麼事的房子，一點小事也可能會嚇著你也說不定喔。

以下要說的是真人實事，也是不幸的事。據說在美國九一一恐怖攻擊喪生的被害者裡，有人就住過艾米提威的那棟房子。

看來，我們也無法把《鬼哭神嚎》當成鬼故事，喔不，當成吹牛故事大肆嘲笑啊。

第五章　霍華・休斯波瀾起伏的人生——兩名造假者的命運

★★

當事人明明還在世，就有人敢偽造他一生的傳記，而且對方還是當時的全球首富，就算是低俗小說也不會出現這樣的情節吧。然而，「現實比小說更曲折離奇」，一九七一年史上最誇張的偽造案發生了。

美國知名出版社支付七十六萬五千美金的訂金給造假者，自傳差點就付梓發行。這位富豪的遺書也曾被人偽造。鄉下加油站老闆在寒夜的沙漠幫助了一個受傷的老人，老人裝束輕便，像是流浪漢，沒想到他其實是個大富豪，為了報恩，老人在遺書中囑咐留給這位加油站老闆一億五千萬美金的遺產，這就是有名的「內華達傳說」。

開膛手傑克的日記、在玻利維亞發現納粹副總統鮑曼、自稱暗殺甘迺迪的真兇，這幾起造假情報還有幾分真實的成分在內，但霍華．休斯的自傳、遺書偽造案徹頭徹尾疑點叢生，怎麼還會發生呢？追根究柢，原因就出在那位大富豪過於怪異的性格。

他曾是世界上最知名的人，也是世界上最神祕的人，在死前二十年當中未曾公開露面。年輕時英俊多金，曾與多位好萊塢女星傳出緋聞，然而晚年變得一副仙人派頭，不修理鬍鬚、指甲，不洗澡，更極端地避免與人接觸，給部下的命令都是寫在黃色便條紙傳達。休斯徹底隱身在幕後，他甚至試圖控制美國總統，如果不知道霍華．休斯波瀾起伏的人生，就無法了解偽造案的背景。此外，至今仍在世的兩位造假者案發後的人生否泰兩極。案發後三十多年，到了二十一世紀的今天，他們又再度成為了眾人目光焦點……

★★★★★★★★★★★★★★★★★★★★★★★★★★★★★

尿在牛奶瓶的李奧納多．狄卡皮歐

李奧納多．狄卡皮歐裸身站得直挺挺的，抓著牛奶瓶，正疑惑他想做什麼，沒想到他竟開始小解在牛奶瓶裡。小解後，他把牛奶瓶放在房間角落。牛奶瓶旁還是牛奶瓶，裝著發黃尿液的牛奶瓶排成一列……這畫面真是驚人……李奧納多王子竟做到這種程度。然而，我認為事實並沒有如實重現……

這是電影《神鬼玩家》（*The Aviator*）的一個鏡頭。狄卡皮歐飾演的是真實人物——美國史上知名億萬富翁、實業家霍華・羅伯・休斯（Howard Robard Hughes；一九〇五年～七六年）。電影導演是馬汀・史柯西斯（Martin Scorsese）。

休斯不僅擁有航空公司，自己也是飛行員，年輕時曾與凱瑟琳・赫本（Katharine Hepburn）、伊娃・嘉德納（Ava Gardner）等知名女星傳出緋聞，行事闊氣風流。他有過兩次婚姻，曾與電影《亂世佳人》（*Gone with the Wind*）的女主角之一奧麗薇・夏蕙蘭（Olivia De Havilland）交往，一九五八年與奧斯卡影后蘇珊・海華（Susan Hayward）交往；與凱瑟琳・赫本甚至還論及婚嫁。

日本的氣象衛星「向日葵」、自衛隊的直升機，都是休斯的公司生產的。廣義地說，休斯對航空業貢獻良多，現在的美國航空界、軍事產業界都受到他的影響。雷射導引飛彈、戰鬥直升機的先驅產品都是出自他的公司；就連一九六六年人類首次登陸月球用的無人登月小艇，也是休斯設計的。人類歷史中首次出現在外太空的物體，就是休斯公司的產品。休斯也進軍好萊塢，與導演霍華・霍克斯（Howard Hawks）攜手製作知名電影《疤面煞星》（*Scarface*），然而壯年期後休斯開始過起隱居生活，他在幕後操控事業，持續增加資產；另一方面，他也染上極端的潔癖，還聘請專人負責捕捉蒼蠅。他變得極度討厭人，盡可能不接近他人，從不與傳記作家打交道，但世間卻流傳了許多據說是休斯親筆寫下的自傳與各種版本的遺書。

一九七二年出版的「自傳」甚至把尼克森政權給拖下水，震撼全美。出版社編輯看到那些數量龐大且詳細的原稿，認定「資料這麼多，又縝密，不可能是偽造的」，因此受騙上當。

休斯被譽為「從世界最大的飛機到女星珍・羅素（Jane Russell）的胸罩都能製作的天才設計師」，他也接受ＣＩＡ的委託製作形狀怪異的打撈船，以打撈蘇聯的核子潛艇。另一方面，休斯最後一次被拍下照片是在一九五二年的時候，那之後他未曾公開露面，這個億萬富翁就窩在自己的住處。二〇〇四年支持民主黨總統候選人約翰・福布斯・凱利（John Forbes Kerry）的喬治・索羅斯（George Soros），其實也就是小一號的休斯。休斯極度害怕細菌與核子實驗帶來的汙染，他心想只要能控制總統，就能阻止核子實驗。起初他試圖捐款給詹森總統，但行動失敗。一九六八年的總統選舉，他曾私下捐款給遭到暗殺的民主黨候選人羅伯・甘迺迪（Robert Kennedy）、民主黨休博・亨佛瑞（Hubert Humphrey）副總統以及共和黨的尼克森等人，四處散播政治毒素。

休斯向ＦＢＩ前局長約翰・埃德加・胡佛（John Edgar Hoover）提出交易，「錢你要多少我都答應，但這輩子你都要照我的話做」，但耿直的胡佛拒絕了。尼克森從踏入政治界開始就受到休斯的金援，他在副總統時期也透過弟弟唐納收受政治獻金，這後來成為尼克森的致命傷，導致他在一九六〇年的總統選舉、一九六二年的加州州長選舉慘遭滑鐵盧。尼克森當上總統後一直很擔心休斯的財力會對他造成影響，很在意休斯會支援民主黨。尼克森終其一生都把水門事件的責任推給屬下，但有一說是尼克森對休斯的顧慮是導致水門事件的導火線之一。從尼克森死後公開的白宮錄音帶也可以知道尼克森確實很擔心民主黨選舉委員會會長布萊昂・歐布來恩與休斯結黨結派。休斯擁有強大的影響力，他曾得意地向親信說「這世上沒有我收買不到的人」，然而坐擁強權的休斯卻晚景淒涼，一九〇公分的高大身軀因為罹患腎臟病無法吸收食物養分，他死時體重僅有三十八公斤。

特立獨行的休斯

本章開頭介紹的電影情節並非刻意標新立異，而是根據事實拍攝的。就如同狄卡皮歐所說：

他就像典型的潔癖人士，但他的舉動有很多矛盾之處。他不喜歡和別人同喝一個酒瓶，卻一個人長年關在房裡，也不讓佣人進去打掃，把自己的尿放在房裡也不以為意。別人身上

的細菌可怕，自己的卻沒有關係，什麼是危險的什麼是安全，這些都由他主觀決定。（摘自《神鬼玩家》電影宣傳手冊）

電影劇本寫休斯把尿解在牛奶瓶，事實上，他是尿在玻璃水壺。一九七三年旅居倫敦時，他跌了一跤撞傷臀部，從此不良於行，要小解時就讓親信拿來玻璃水壺。當他離開長年蝸居的飯店房間時，親信把玻璃水壺裡的穢物倒進馬桶，打碎水壺丟棄。長年放置的尿液異臭撲鼻，處理的人受不了而嘔吐。更骯髒的是，休斯不良於行後，雖然願意使用尿瓶卻不肯用便盆，他直接大便在床上，大便在椅子上，親信得跟在他身邊不停地為他善後。

電影最後，看似恢復正常的休斯又開始在人前念念有詞，親信帶他去廁所，當他在廁所看到鏡中的自己時，童年時母親一邊幫他洗澡一邊訴說「細菌的恐怖」的電影開頭又在鏡子中上演，然後電影結束。

如果要繼續演出休斯後來的人生，那可能會拍成政治疑雲吧，我看製片公司得把導演馬汀・史柯西斯替換成奧利佛・史東才行。電影中休斯的親信是諾亞・迪崔克這號人物，他被解僱後，休斯的親信換成前ＦＢＩ搜查員羅伯特・梅休。梅休是休斯的親信，同時也跟黑手黨有往來，ＣＩＡ看上這一點決定招攬他，在暗殺卡斯楚的計畫中，他負責黑手黨與ＣＩＡ的牽線工作（也就是諜報用語Cut-out，利用第三者當中間人，以免留下證據）。

為休斯工作替梅休賺進了五十萬美金（以當時的匯率計算約為一億八千萬日幣），即便如此，他十七年的任期從不曾直接與休斯接觸，兩人保持「只見過兩次」的奇妙關係。休斯解僱梅休後，有人指稱他是假自傳事件的幕後黑手。為此他提出告訴，控告對方毀謗，獲得二百八十萬美金的賠償金。

休斯後半生過著隱居生活，不曾出現在公開場合，執行得非常徹底，到後來甚至也不再見親信諾亞・迪崔克，下一任親信梅休為他工作的十七年間也從沒見過他一面，休斯都是透過便條紙或電話和他們連繫。梅休說每天下午三、四點照顧休斯的摩門教徒會打電話給他，通知「休斯先生有話想說」，他們可能談三分鐘也可能談一小時，接著寫著休斯指示的便條紙會送達，梅休把回覆寫在便條紙上時，可能還會接到休斯打來追加指示的電話；雙方便是以如此怪異的方式工作。

因此休斯的傳記並沒有收錄他晚年的照片，他最後一張照片是在一九五二年拍攝的。那之後的新照片，只有一張一九七二年在加拿大溫哥華拍到的「疑似休斯的老人」。其他就只有根據目擊者證詞所繪製的畫像。休斯過世時，美國《時代》雜誌封面的插圖（當時的《時代》雜誌封面採用插圖而非照片）便是根據目擊者的描述畫下的，而不是根據照片畫成。

「聞聲不見人」，這簡直就像是西洋版的《電車男》情節嘛。不要說無法判斷休斯的狀況，極端點說，甚至連他是生是死都不清楚。有一說是休斯早就不在人世，只是找演員來頂替。當休斯的死訊公布時，還被說成「霍華・休斯是唯一得用死來證明自己一直活著的人」。與休斯有關的笑話中，很多則便是在嘲諷只要宣稱「休斯還活著！」就會成為獨家的情況。

休斯和他隱密的私生活

休斯的私生活籠罩著一層厚厚的紗，洩漏出來的傳言又令人毛骨悚然。據說休斯頭髮長及腰際，滿臉蓬鬆的鬍鬚，指甲也不修剪，一副仙人的模樣。在《神鬼玩家》電影裡有一幕是休斯窩居在公司的一個小房間很長一段時間，一天一時興起走出房間，員工一下子竟認不出那個留著像嬉皮的鬍子的裸男就是老闆。

誤打誤撞而「目擊」到休斯本人的餐飲外送員對於他描述如下：

有天我送食物到辦公室，正要離去，發現寢室的房門沒有關。我看到難以置信的一幕。眼前站著一個鬍子垂到胸前、髮長及背的瘦高男子。

他全身只穿著一條內褲，曲著身子，兩手在胸前晃，眼窩深陷，一直死盯著我。那個人簡直就像是巫婆的弟弟。

你懂我的意思吧……

他一句話也沒說，就只是盯著我看。過了一會兒，他轉身回到自己的臥房，關上房門。

（摘自詹姆斯·費倫《神祕的大富豪——霍華·休斯最後的日子》日譯本六八頁）

休斯在密室究竟過著什麼樣的生活呢？照顧他生活起居的親信詳細記下了他的生活作息。

週日	上午6點55分	就寢
	11點15分	起床，洗澡。
	11點35分	坐在椅子上看電影《無足輕重的絕望》到結束前五分鐘。
	下午1點30分	服用可待因（鎮痛、安眠藥）10喱。
	1點50分	洗澡。
	2點10分	坐在椅子上繼續看電影《殺手》，中斷。
	3點30分	用餐，只吃了雞肉。

	4點20分	用餐完畢。 看完《無足輕重的絕望》。 看《殺手們》，中斷。
	6點45分	洗澡。
	7點	坐在椅子上。
	7點45分	看《剛曼之死》，只看一盤。
	8點25分	洗澡。
	8點45分	坐在椅子上。
	9點	看《殺手們》，中斷。
	9點35分	吃雞肉與甜點。 看完《殺手們》。
	11點25分	洗澡。
	11點50分	上床。換繃帶。沒睡著。

（摘自《公民休斯》〈*Citizen Hughes*〉四一四至四一五頁）

休斯雖然吃得少但用餐時間很長，因為他是一邊看電影一邊吃飯，而且無法接受食物涼掉，用餐當中同一道菜會加熱好幾次。休斯僱用了專任廚師，但廚師的主要工作卻是加熱吃到一半的食物，他自嘲自己不是廚師，其實是加熱師。

有一則關於休斯偏食的笑話。記者一邊記筆記一邊問躺在沙發上的白骨：「霍華，你為什麼要進行這麼激烈的節食呢？」

另外，「洗澡」指的是洗手或是以酒精擦拭身體。休斯對喜歡的電影可以看上十遍或二十遍。

《神鬼玩家》電影有一幕是休斯派人監聽女朋友凱瑟琳・赫本的家，實際上休斯是派人記錄妻子珍・彼得斯（Jean Peters）的飲食內容。

一九五七年六月十九日（星期三）
上午八點五十二分，珍要了一杯咖啡、兩杯牛奶、紙張。
上午十點十八分，珍要了早餐，菜色有蛋、兩大杯柳橙汁、兩杯加冰塊的牛奶、兩匙糖、兩大杯咖啡、三杯波蘭礦泉水、一個冰淇淋。

（摘自《霍華・休斯——未公開的故事》三一三頁）

為什麼他要派人監看妻子的飲食呢？那是因為他對食物非常挑剔，不准妻子吃煎鍋或鐵網調理的食物，禁止妻子吃法式吐司、炒蛋、鬆餅等食物，要求非常細瑣，為了確認妻子是否遵守指示，他派人記錄妻子的飲食。他吃甜點蛋糕前，甚至會用尺比在蛋糕旁邊，如果邊緣不是筆直的，就要求重做。電影中有一幕是休斯不肯喝市售的柳橙汁，只願意喝以自己指定的柳橙在他面前現榨的果汁。

另外，休斯曾親自上陣測試飛機，結果因為墜機而受重傷。那時他服用的止痛劑導致他染上輕度的藥物中毒，後來因此成癮。

休斯的母親手術時因麻醉失敗死亡，父親因心臟病發作病逝，這都是休斯有異常潔癖的遠因。

休斯之所以選擇隱居生活便是因為他異常的潔癖和藥物成癮症。

休斯變得「有點奇怪」時，在外面吃飯總是點「紐約式中等熟度的牛排、晚餐沙拉，加上豆子（豌豆）」，有「細菌恐懼症」的症狀；四十歲左右，他「認為喉嚨裡長了怪東西，整整一星期不說話，對話都是透過筆談」，行徑愈來愈脫序。

偽造自傳事件的始末

數年之後，休斯被形容成「記者心中的巨大魔術方塊」、「過著哥德式恐怖隱居生活」，有極端的潔癖，是個討厭人類的祕密主義者。一些人看準就算編出再離譜的故事，「大眾也會認為

『如果是休斯就有可能』」、「反正當事人無法出面否認」，市面上因此出現了假自傳。

一九七一年十二月七日，珍珠港事件三十週年，美國大型出版社麥格羅・希爾（McGraw-Hill）發表震撼世人的新聞，宣稱將出版由霍華・休斯親身口述其一生的自傳，高達二十三萬字的厚重自傳將於一九七二年三月二十七日發行，美國攝影雜誌《生活》也將從二月十一日號開始連載自傳摘文。負責採訪休斯和撰文的是作家克里福特・埃文（Clifford Irving）。

事件起於一九七一年二月埃文向《生活》雜誌和麥格羅・希爾出版社推銷自傳，他說「我已經訪問過休斯上百回，手上也有訪談錄音帶」。

埃文讓出版社高層看休斯寫給他的信（他自己偽造的），筆跡鑑定的結果判斷是休斯的筆跡（當埃文的謊言被揭穿後，很多人不相信筆跡是偽造的，埃文現場表演偽造筆跡的過程），這個極機密的出版計畫「歐塔維歐計畫」就此啟動。

埃文宣稱口述者休斯是因為坊間有太多關於自己的錯誤訊息，希望在生前留下真實紀錄，這是他出版自傳的動機。由於休斯與埃文的父親是舊識，當他知道朋友的孩子成了作家，便透過這層關係委託他執筆自傳。

以埃文執筆自傳過程為題的諷刺漫畫中，有個笑話橋段是休斯對埃文說「對了，克里福，這章會出現的有珍・羅素、金姐・羅傑絲、凱蒂・赫本、珍・哈露、莉莎・泰勒，還有……」，諷刺他的女性關係。

埃文說休斯外表並不如外界傳聞像個老仙人，其實和他最後留下的照片並沒有太大不同。

然而，這兩人根本就互不相識，自傳內容全是埃文與他的作家朋友里察・休斯金捏造出來的。埃文自己在《騙局》（*The Hoax*）一書說明了整起事件的經緯，他回顧當時是因為和休斯金聊到《時代》雜誌與《新聞週刊》（*Newsweek*）報導了休斯搬離他隱居的房子的新聞，他的腦中突然冒出這個點子。

> 休斯是個非常有趣的題材。他不曾出過私人傳記，又是一個極端的祕密主義者，沒人能接近他。假設我與出版社——例如合作過的麥格羅・希爾出版社——共同炒熱話題，就說我與休斯見過面，受託執筆撰寫自傳，或是說我受到休斯本人正式委託如何？
>
> 這件事有一試的價值。那家出版社一直在找會賣的書，休斯也不可能出面否認，還有誰會在意這件事嗎？無論如何一定要讓出版社牽扯進來，因為要寫出重量級的傳記，得大量引用本人的話，採訪工作繁雜，出版社應該願意預付十萬美金的訂金給我。準備資料需要這筆錢，我們會走遍美國在休斯待過的地方挖掘資料，一一訪問他所有的朋友。（摘自《騙局》一九至二〇頁）

這兩人在全美蒐集情報，取得了未曾公開過的珍貴資料，著手撰寫假自傳。因為一個偶然的機緣，有人請埃文改寫諾亞・迪崔克所寫的自傳草稿，埃文因此得到許多不曾公開的情報，又為假自傳增添了幾分真實感。《騙局》日文譯者三角和代小姐在〈譯後記〉提到埃文的工作態度，「聽說他偽造傳記的來龍去脈，讀完這本書之後，最令我驚訝的是他那種不像是在造假、瘋狂執著於作品完成度的堅持。不過是造假，他卻以一絲不苟的態度準備與執筆」。

可能是他們的努力與準備工作奏效，諾亞・迪崔克也認為他們的自傳是真品。這也不奇怪，畢竟書裡也引用了他的原稿資料嘛。

以希特勒的造假日記為題的《出賣希特勒》一書，引用了埃文的評論：

一旦掌握了節奏，（造假）就可以持續到底。這是我的個人經驗。我寫了六十卷的霍華・休斯自傳，這一套行得通。只要能寫出一頁，就能寫出二十頁。寫得出二十頁，就寫得出一本書。

（筆跡）鑑定專家十次會有九次做出委託人期待的結論，因為他們就是被那些想得到肯定答案的人所聘請的。

事情（被愚蠢的詐術騙倒）就是這樣發生的，那些人（指出版社）為什麼會那麼天真呢？為什麼？因為他們這麼相信。他們希望這麼相信，然後，他們不得不這麼相信。他們想相信，因為這是獨一無二的機會。你是否見過人尋找自我的旅程？祕密——只有你跟我悄悄參與其中——是他們的最愛。在祕密裡，他們可以從單調的世界抽離，在另一個世界喘息。他們之所以不直接涉入是因為知道這是不理智的。對於他們而言，最棒的就是能在有限的時間裡沉浸其中。雖然他們參與此事，但他們的安全間接受到保護。我站在他們現實與夢想的邊界地帶，成為他們的緩衝。這是故事，也是夢想，而且對他們而言更美好的是還能幫他們賺錢。共同的利益能使各種瘋狂的行徑合理化，沒有比現代更容易行使騙術的時代了（摘自《出賣希特勒》一七三至一七四頁，括號內為引用者所加的註解）。

這段文字精闢地說明了歷史上各種偽造案的成因。

自傳風波撼動尼克森政權

自傳要出版的新聞驚動了全世界。當時美國尼克森政權也相當在意這件事，因為自傳裡也提及了休斯給尼克森政治獻金的事，利用整整一章揭穿內幕。埃文的調查相當仔細，政治獻金的金額都是正確的。

尼克森政權特別助理霍華・哈德曼在日記上這麼記載：

> 一九七二年一月十六日，星期日
>
> 下午總統來確認事情發展。今天的報紙根據霍華・休斯的說詞提到尼克森貸款的事，總統聽說後笑了笑。他說從沒見過霍華・休斯，兩人只在要送波音七〇七給俄國時通過一次電話而已。
>
> 一月十七日，星期一
>
> 霍華・休斯的貸款話題又被舊事重提，總統建議我們公開事實，說明一九六二年我們就已經動用資產清償完畢了，不要再讓他人有機可乘，一再捏造不實之事。

在此同時尼克森的親信也從麥格羅・希爾出版社取得自傳原稿，他們判斷內容是捏造的，推測幕後主導人物是梅休。

埃文在自己的網站（http://www.cliffordirving.com/index.php）上以〈Watergate and

Hoax〉為標題，得意地表示自己偽造的假自傳是水門事件的導火線。

麥格羅・希爾出版社宣布將出版休斯自傳後四天，休斯的「休斯工具公司」（Hughes Tool Company）公開聲明那本自傳是假的。由於不是休斯本人出面反駁，謊言沒有被揭穿，出版計畫繼續進行。

騷動之中埃文上了CBS的《六十分鐘》，在節目中說休斯與自己見面時戴了變裝用的假髮與鬍子，「他的變裝比我讀過的每本偵探小說都差勁，就像〇〇七電影的化妝水準。」

最後休斯本人接受了他認識的七位記者——合眾國際社（UPI）、美聯社（AP）、NBC電視台、《紐約時報》、《芝加哥論壇報》、《洛杉磯時報》等各大媒體——的電話訪問，電話中休斯表明：「我從沒接受過埃文的採訪，那本自傳是他為了錢捏造出來的。我從沒把談論自己人生經歷的錄音帶交給別人，更沒把錄音資料交給埃文。」由於休斯的否認，相關單位正式展開調查。記者檢驗休斯的電話錄音的聲紋，判斷電話另一頭的確實是休斯本人，也確認了他尚在人世。

休斯的反駁相當有趣。記者為了確認對方是休斯，問他曾與他共事的機師的名字，以及那人的姓氏和他妻子的職業，還問他是否記得誤把口香糖黏在他飛機上的女性。針對人的事他都不太記得，但一問到飛機的事他發揮了驚人的記憶力，記者簡單問一個問題，他的回答要比問題長二十倍，不斷談論飛機的機翼形狀或機內的空間。就算提問者換人，問了下一個問題，休斯仍舊無視新問題繼續回答前一個問題，訪談宛如變成了飛機迷的獨角戲。從這也能看出休斯的個性。他還被問及目前的外貌，他回答他並沒有無限制地留長指甲，否則會無法簽署文件，鬍鬚則愛留多長就留多長。休斯性格雖有缺陷，但他對於機械工程的要求十分嚴格，就連CIA也向他下過「極機密」的訂單，委託他「製造打撈蘇聯核子潛艇的打撈船」。他也表明如果能讓世人從他的經驗得到幫助，或許會考慮撰寫自傳。最後，他批評偽造自傳事件是個惡夢。記者群一致認定電話那頭的就是休斯本人。

《生活》雜誌原預定要轉載休斯的自傳，但二月四日號、十一日號連續兩號都刊登了質疑埃文的報導。文中指出本來懷疑在瑞士銀行擁有戶頭的H．休斯是霍華．休斯，但經過查證發現H．休斯是一個名為赫葛．休斯的女性，她是埃文的妻子赫葛利用假髮與化妝變裝、利用假名開立的人頭帳戶。一個埃文的情婦也證實埃文宣稱與休斯進行訪談的時間，她正和他在一起。

氣數已盡的埃文與妻子以詐欺罪遭到逮捕。二月二十一日發行的《時代》雜誌封面以〈Con Man of The Year〉（今年最厲害的騙子）為標題，並配上埃文的肖像插圖；CBS的《六十分鐘》節目頒給埃文「今年最佳演員」的封號；美國筆跡鑑定專家查爾斯．哈密頓也稱他是「史上最厲害的造假者」、「多才多藝」、「了不起的模仿」，他還說如果埃文偽造的對象是已死亡人，而非在世者的自傳，或許事跡就不會敗露；識破希特勒日記、開膛手傑克日記造假的蘭德爾也對埃文的本事大為驚歎，說他和其他偽造者段數不同。

最後，詐欺判決出來，埃文被判兩年半有期徒刑，妻子愛迪絲被判兩年有期徒刑但兩個月後就緩刑出獄，後來瑞士法院判她兩年有期徒刑；埃文的作家朋友休斯金則是被判半年的有期徒刑。

諷刺的是，埃文寫過一本非小說《贗品》（*Fake!*），介紹假畫畫家埃爾密・德・奧里（Elmyr de Hory）。就像是預言般，他在〈前言〉一開始寫道「就算這是實際發生過的事，就算這是完全不可信的故事，對我而言，我覺得一點也不誇張」。接近結尾處，他提到了奧里說過的一段話。

> 英國人大衛・史坦恩仿冒過夏卡爾、畢卡索的畫作，但隨即遭到逮捕，我在某種機緣下讀到他的主張，他說要貫徹畫家的精神。當他畫夏卡爾的畫，他就化身為夏卡爾，畫馬諦斯時，就化身為馬諦斯。
>
> 我認為這真是胡說八道。難道你投注了海明威的精神，你就能寫出海明威的小說嗎？你能完全變成海明威嗎？不行。這只能說是可怕、低俗，不切實際，雖然大眾都為之著迷。（摘

自《贗品》三一七頁）

《不完全犯罪檔案》（*Murder Two*）一書列舉了許多利用科學技術而破案的犯罪實例。書中提到「克里福特・埃文事件」是透過分析休斯的聲紋證實他是本人，因此揭穿埃文的騙術。

內華達傳說

一九七二年的偽造自傳事件是經專家之手完成的縝密之作；相對於此，一九七六年的假遺囑事件則是出自外行人之手，顯得幼稚拙劣。

一九七六年四月二十七日，位於猶他州鹽湖城的摩門教總部二十四樓的詢問台桌上放著一只白色大信封，上頭寫著「基姆鮑爾代表收」。打開信封一看，裡頭有三張手寫的黃色便條紙，內容如下（強調處為引用者所加）。

遺囑

我，霍華・休斯是內華達州拉斯維加斯居民。在健全的精神與記憶狀態下，沒有受到任何脅迫、欺騙或是他人過度影響，我做出如下宣言。

這份遺囑是我的最新遺囑，其效力取代我過去所寫過的所有遺囑。

當我死後，我的財產將分佩如下。

一、我資產的市分之一捐贈給邁阿密的休斯醫學研究財團。

二、資產的巴分之一由德州州立大學、休斯頓的萊思工科大學、內華達州立大學、加州州立大學鈞分。

（以上為第一頁。引用者註：「第一頁」的標記同原文，以下頁數標記亦同）

三、同十六分之一捐贈給大衛・歐・馬卡已的磨門教會。

四、同十六分之一做為建設孤兒院的經費。

五、同十六分之一捐給童子軍。

六、同十六分之一由洛杉磯的珍・彼得斯與休斯頓的艾拉・萊斯均分。

七、資產的十六分之一送給德州休斯頓的威廉・魯密斯。

八、同十六分之一送給內華達州葛布斯的麥爾文・達馬。

（以上為第二頁）

九、同十六分之一由為我服務到最後一刻的佣人們均分。

十、同十六分之一做為全美國的獎學金基金。

「美麗的白鵝」捐贈給加州的長灘市。

剩下的不動產由我死亡時工司的主要幹部均分。

諾亞・迪崔克指定為本遺囑的報行人。

一九六八年三月十久日

（簽名）霍華・R・休斯

（以上為第三頁）

寫遺囑的人似乎就是在三週前的四月五日過世的大富豪霍華・休斯。摩門教會職員看完立刻叫來保全，把遺囑鎖在保險櫃裡。

隔天，這份遺囑被鑑定過休斯筆跡的專家判定為真品。當時，休斯的遺囑曾出現三十個版本（全都是偽造的），這一次的竟被判定為真品，舉世震驚。

然而，這份遺囑的文字實在太奇妙了，不過三頁內容就有十多個錯字。

前文引用的內容裡，粗體部分就是原文出現的錯字。

例如，「第四」或「四分之一」的「Fourth」少一個「u」而拼成「Forth」；表示「八分之一」的「one eighth」寫成「one eight」；「均分」的「divided」拼成「devided」；「執行人」的「executor」拼成「executer」；人名「魯密斯」的「Lummis」拼成「Lommis」；日期寫成「19 day」。

堂堂一個公司大老闆、億萬富翁，怎麼可能連最基本的拼字都會出錯呢？被指名為遺囑執行人的諾亞・迪崔克聽到這個消息時最初認為遺囑是偽造的，並不以為意，但當他看到文件影本時改變了想法，因為這正是休斯寫字的方式。事實上，休斯的拼字一塌糊塗，甚至連自己的名字也會寫錯。

然而，也有人持反對意見。遺囑中「美麗的白鵝」指的是大眾對一九四七年休斯親自駕駛、至今只飛行過一英里的巨型水上飛艇的暱稱，但他一直很討厭這個稱呼。

諾亞・迪崔克自從一九五七年被解僱以來，雙方一直處於斷絕來往的狀態，他竟被指名為遺囑執行人，做法顯得突兀。

遺囑繼承人包括休斯的前妻珍・彼得斯、艾拉・萊斯以及他的佣人、部屬，以上還不奇怪，最教人不解的是財產的十六分之一竟指名要送給住在內華達州葛布斯（Gabbs）的一個叫「Melvin Du Mar」的不明人士。

「誰是達馬？」

就在識破休斯自傳造假的筆跡鑑定專家也判定這份遺囑為真，眾人都在找尋神祕人物達馬之際，四月三十日，麥爾文‧達馬出現在新聞節目接受記者的訪問。

出現在電視上的是個加油站老闆，他穿著格子襯衫、短脖子小眼睛，是個肥胖的年輕人。對於記者的提問，達馬回答休斯寫遺囑時他住在葛布斯，名字如遺囑所寫，叫做「達馬」。也不知是因為太感動還是太害怕，他竟在螢幕前落淚。

在來自全美各地的記者面前，達馬開始說起與遺囑有關的往事：

> 那時候，我在沙漠中開車，看到一個像是流浪漢的老人倒在路邊。我載他到拉斯維加斯。他下車時問我能不能借他錢，我給了他二十五分錢。然後他自稱是霍華‧休斯。那時我並不相信他，不過現在回想起來，我想那就是休斯本人。

一個摩門教徒、鄉下加油站老闆幫助了一名倒在路上的老人，給了他二十五分錢。原來老人就是休斯，他沒有忘記這件事，一直把這份恩情記在心上，最後給了加油站老闆一億五千六百萬美金的遺產，金額是二十五分錢的六億倍。聽起來簡直就像是現代版以小換大的民間故事嘛。《洛杉磯時報》以〈一億五千六百萬美金的善行〉為標題，將這段經過報導為「不為人知的善行終將得到回報」的美談。

諾亞・迪崔克的律師哈洛德・羅登（Harold Rhoden）後來根據判決遺囑真假的審判內幕寫了《高額賭注》（*High Stakes*）一書，他看了記者會後和其他同業一起嘲諷達馬。

史坦利和我都覺得奇怪。

「他說那什麼蠢話啊？」

「這個dummy（譯註：傻瓜之意。）是誰啊？」

我從文件袋取出遺囑影本，翻到第二頁。

「同十六分之一送給內華達州葛布斯的麥爾文・達馬。」

這傢伙就是遺囑裡提到的達馬嗎？

「休斯把一億五千萬美金留給這小鬼？他做了什麼傻事？天哪！」

「史坦利，別慌。」

「這臭小子的話能信嗎？」

史坦利開始在房裡踱步。

「休斯跟他要二十五分對吧？才二十五分耶！一定是這個死胖子自己編出來的。」

「就算這小鬼說謊，但遺囑難道是假的嗎？偽造遺囑的人又不知道達馬的事。」

「這個鄉下人雖然沒說看到霍華・休斯從幽浮走下來，但霍華・休斯在路上搭便車難道就合理嗎？」

「如果遺囑是達馬偽造的，他自然會把自己的名字寫上去。但我覺得這個達馬沒那能耐。」

「怎麼說？」

「因為這個達馬是個傻瓜呀。」

（摘自《高額賭注》二二頁～二三頁）

羅登把達馬說得這麼難聽，但後來他並非樂意地與達馬有了更深一層的接觸。

在休斯的各種傳記中，對這起遺囑事件都只是簡單帶過。

前每日新聞外電部長，也是國際記者的大森實寫了一本關於休斯的評論集《隱藏的帝國：休斯的挑戰》，書中對於遺囑事件記錄如下：

關於霍華．休斯神祕的死亡，我們一定會在後文詳加敘述。《洛杉磯時報》的頭條大新聞經過內華達地方法院介入調查，斷定這份休斯的遺囑是偽造的。FBI當局在放於摩門教全球總部桌上的信封成功採到達馬的指紋。

這個信仰虔誠的摩門教徒達馬竟有偽造支票簽名的「前科」，他因不良行為而遭空軍放逐（不名譽退伍）等經歷都被公開出來（摘自三八頁）。

在遺囑信封採到達馬的指紋，達馬還有偽造的前科……聽到這些消息，任何人都會認為是達馬偽造了遺囑吧。

雪上加霜的是達馬的妻子邦妮也有因作偽證而被罰九十天拘役的前科，而且她也跟遺囑撰文者一樣有拼字錯誤的毛病。更有甚者，達馬常利用的鹽湖城偉伯斯特大學圖書館有一本叫《騙術》（*Hoax*）的書（此非埃文的著作，該書是以他的偽造自傳案為題，故意取了相似的書名），書裡收錄了一些休斯的信件，書上也採到達馬的指紋。達馬甚至還告訴羅登遺囑是他在幫助休斯之後與妻子到拉斯維加斯時一個神祕人交給他的，說法荒誕無稽。羅登聽了叱喝道：「就連我十五個月大的女兒都不會被你的謊言給騙倒，聽到你說的話，她一定會笑死。」達馬哭訴說：「為什麼你不相信我？」然而僅僅六個小時後，達馬改口說是有個神祕人出現在他經營的加油站並留下信封，這次羅登又斥責他：「達馬，你不是個大騙子，你只是一個卑鄙的人。」達馬聽了又哭喊著說：「為什麼大家都不相信我，我要離開這裡！」

前面提到的《不完全犯罪檔案》的續篇《不完全犯罪檔案2》在「休斯的遺囑事件」項目交代了以上內情，並簡單做了結論，認為是筆跡鑑定揭穿了達馬的犯行。

在遺囑鑑定的官司中，達馬被對方律師痛罵是「騙子、騙子、騙子」，法官也斥責達馬：「達馬先生，請你轉過椅子面對我，看著我的眼睛。這個法庭裡的一百個人當中，沒半個人相信你的話。」

一九七八年六月八日，陪審團做出他們的判決，「我等陪審員一致同意那份一九六八年三月十九日撰寫的三頁遺囑文件並非出自霍華・休斯之手」，裁判終結。

別說是一億美金了，達馬最後就連一分錢也沒拿到。

不單純的審判內幕

審判結果雖是如此，羅登還是主張遺囑為真。

「陪審團沒有否定遺囑，也沒有否定證據，只是我輸了官司罷了。我無法讓陪審團相信這份遺囑是霍華・休斯所寫。然而，我的失敗並沒有改變休斯寫下這份遺囑的事實。是我判斷錯誤，但遺囑是真的。我知道這點，我一直如此認為。或許有一天，所有人都將明白這點。」

如前所述，研究休斯的各種傳記或偽造案相關書籍對這個案子都只是簡單帶過。然而，只要讀過羅登寫的那本討論審判內幕的書就會明白事情沒那麼單純。他會講那種話也並不是純粹不服輸。

裁判爭議重點有三，也就是「『摩門遺囑』的可信度」、「把『摩門遺囑』送到達馬手中的人物的可信度」、「達馬拯救休斯老人的故事之可信度」。

首先，遺囑本身的疑點是筆跡、格式、內容、遺囑以及信封等物理性問題。

筆跡鑑定專家說，遺囑上顫抖的筆跡與字體鏤空的現象是偽造的典型特徵，然而罹患腎臟病的休斯筆跡同樣有顫抖、鏤空以及基本拼字錯誤等毛病。事實上，休斯留下的便條紙就常見拼錯的單字，因此很多筆跡鑑定專家都判斷這份遺囑是休斯所寫，但是當遺囑的信封採到達馬的指紋的消息傳出後，專家們又紛紛改口「弄錯了，這不是休斯的筆跡」。

更奇怪的是，圖書館的《騙術》一書中刊登休斯手寫便條紙的那頁被人技巧性地剪下。捐贈者送的是新書，因此顯然是某個借閱者剪下的，可惜最後真相未明案子就結束了。

遺囑格式採取所謂的親筆簽名遺書，由立遺囑人簽名，沒有見證人。休斯生前說他將以這個格式寫遺囑，並會保管在只有自己知道的地方。

關於其他團體或個人等財產繼承人並沒有太突兀的人選。例如，「資產的十六分之一捐給童子軍」這一項，事實上休斯生前就曾將收益的一部分捐給童子軍，因此獲得免稅優惠。休斯本人在少年時代也曾加入童子軍。成為遺產捐贈對象的各大學他都曾經提過；寫給梅休的便條紙中也透露他並不想跟諾亞・迪崔克永遠絕交。

遺囑使用的紙張與休斯慣用的產品相同，墨水也是一九六七年到七二年之間的產品。

封口有以蒸氣弄濕拆開，再以漿糊黏上的痕跡。達馬解釋，他曾以這個手法拆開前妻男友寄來的信，這次他也是使用相同的方法，然而，他看了遺囑內容後太過意外，不知所措，才把信放在教會總部。

信封表面印了六個數字「8?? 22?」，六個數字中有三個無法辨識，這是郵件發送時機器自動印上的數字以取代郵戳。每台機器都有各自的號碼，遺囑判定的書寫時間休斯住在沙漠飯店（Desert Inn Hotel），飯店的機器數字是「841 222」，六個數字有三個一致。

其實，遺囑本身並沒有太多不自然之處，難怪羅登在答辯時會主張：「這份遺囑很奇怪，但霍華・休斯是怪人，他的遺囑自然會是這樣。」

一九七七年二月六日，有人祕密連繫羅登，說把遺囑送到達馬手上的就是他本人。那人就是雷邦尼・佛休契。佛休契說他與休斯從四〇年代起就認識，他負責幫休斯遞送極機密文件。一九七一年某一天，休斯交給他一個很大的信封，命令他好好保管。休斯過世後他打開一看，發現裡頭有三個大信封，信封上分別註明「把這封信投進郵筒」、「把這封信送給收件人」、「打開這封信」等指示。後來休斯手下的人帶給他一個指示，是第二只信封的運送地點。「把這封信送到住在猶他州歐基頓，經營加油站的麥爾文・達馬手上。確定麥爾文住在這裡，一定要送到他手上。」第三只信封裡有兩千八百元美金，他決定借用一下，把錢存到銀行。

佛休契的話跟達馬「在沙漠中載到老人霍華・休斯」說法一樣無稽，然而主張這是造假和這是事實的兩方手上都握有證據。

在法庭上作證的休斯親信沒人知道佛休契的存在，他在月曆上記錄的從加拿大飛到猶他州的國際線班機並沒有飛行。

相對於此，達馬的鄰居卻記得佛休契曾向他問過達馬加油站的位置；佛休契存進銀行的鈔票有紅色封印，那的確是一九七一年使用的現金封印。然而佛休契在法庭上宣稱「我抵達達馬的加油站之前不曾和任何人說話」，因此羅登雖從鄰居口中問出證詞，在法庭上仍無法列為證據。

一九七七年三月，發現休斯於一九三八年三月寄出的信。信件內容指出隨信附有幾封信。第一封信寫著第二個信封的處理方式，第二個信封裡裝著遺囑，當自己死亡或行蹤不明時便打開第一個信封並遵照指示進行。也就是說，佛休契拿到的信件格式與休斯的習慣一致，信封的筆跡也被鑑定為出自休斯之手。

達馬的說詞最不可信的是他宣稱在一九六七年末的某個寒夜在沙漠發現休斯，而休斯裝扮輕便，連外衣都沒穿。他的說法不合理，休斯的親信也都作證「老闆沒離開過飯店」。

然而，一個一九七〇年時曾投宿在沙漠飯店的牙醫作證，他聽到休斯的親信說：「聽別的工作人員說，休斯經常趁親信不注意時跑出去。有次他跑到了沙漠，不知道發生什麼事，被人開車送到拉斯維加斯的飯店。」

法庭上，親信被問及這件事時回答自己聽到的是「大家找不到休斯，亂成一團」，否定上述的證詞。

聽過達馬說他救出休斯的經過的，有他當時的岳父、姐妹以及鄰居。此外，休斯在一九六七年十二月三十日寫下的便條紙有這麼一段奇妙的話。

一定要讓波茲威爾徹底堅守這個祕密。絕不能洩漏給任何人知道！我再三提醒他。要進一步取得這地區的所有權，計畫絕不能洩漏——否則會暴漲。

一九六八年一月一日的便條紙是這麼寫的：

打電話給歐尼爾，希望他能接受來自我個人的指令。

在一張沒有註明日期的便條紙寫著如下內容：

我期待新方向。在沙漠飯店發生的事不要再重蹈覆轍。當然，我還沒下定決心，但我準備踏出第一步。

官司在尚有許多疑點的情況下結束，陪審團投票表決「摩門遺囑」並非由休斯寫下。休斯的奇怪人格、達馬的愚蠢、突然出現的送信人佛休契，與摩門遺囑牽扯到的淨是奇妙的事。真相到底在何方？

羅登說「這份遺囑是真的，總有一天所有人都將明白這點」，可惜他無法等到那一天。第二次世界大戰期間曾擔任B-29轟炸機飛行員而成為德軍戰俘的他，在一九八九年駕駛飛機時發生事故，與家人一同身亡。那之後，有個男子承接了羅登的工作為達馬的清白奮戰，但這是審判結束二十四年後的事了。

休斯人生最大的挑戰——收買總統！

休斯的怪異行徑引發了假自傳與假遺囑風波，而他異常的潔癖甚至可能改變歷史。

一九六六年十一月到一九七〇年十一月，休斯一直投宿（其實是定居）在內華達州的沙漠飯店頂樓。休斯所在的樓層電梯按鈕被拆除，電梯門不會在該樓層開啟。該州地底有核子實驗場，核子試爆時引發的震動與轟隆巨響甚至能傳到休斯的房間。他害怕比細菌更恐怖的放射性污染，試圖讓總統中止核子實驗，派遣了密使去收買總統。

首先，他試圖收買現任總統詹森，他送出希望能中止核子實驗的信，也確實收到回信，但詹森在信中回覆他不可能停止核子實驗。休斯憤怒異常，在筆記本潦草記下「我從不曾如此失望」等字句。

接著，他派梅休直接去找總統。詹森知道梅休是ＣＩＡ與黑手黨合作的暗殺卡斯楚計畫的聯絡人，雖不情願，也只好會見他。休斯表示將保證詹森從政治界引退後的生活，但詹森拒絕了這愚蠢的提案。由於無法說服詹森，休斯轉而把腦筋動到下屆總統候選人休博・亨佛瑞（Hubert Humphrey）身上，派梅休送了五萬美金到他手上。但休斯甚至拼不出亨佛瑞的名字（「Humphrey」拼成「Humphries」），覺得賭在他身上不夠保險，於是他也給了另一個總統候選人羅伯・甘迺迪（Robert Kennedy）二萬五千美金。休斯在好萊塢拍片時與羅伯・甘迺迪的父親約瑟夫・甘迺迪對立，長久以來一直很討厭甘迺迪家族，但如今他也考慮要籠絡他們了。羅伯遇刺身亡後，休斯轉而試圖操控他的弟弟愛德華・甘迺迪（Edward Kennedy），一直強烈反對核子實驗的愛德華表現得像甘迺迪家的男人，沒有被收買，但他欣然收下休斯贈送的「金髮巨乳美女」。一九六九年，愛德華因查帕奎迪克事件（作者註：愛德華與秘書瑪麗・喬・柯佩克開車經過麻薩諸塞州的查帕奎迪克橋時墜落橋下，只有愛德華獲救，柯佩克溺死）斷絕了總統之路。

最後，休斯僱用了與甘迺迪家族交往甚密的民主黨員賴瑞・歐布來恩當幕後說客。歐布來恩在自傳提及他與休斯的關係，「我並不是被休斯企業僱用，我們（梅休與歐布來恩）只約定了他是歐布來恩顧問公司的客戶之一」。但當時擔任休斯密使的梅休批評歐布來恩，「他是約翰・甘迺迪最早的參議院選舉的幕僚，因此得以進入白宮，後來又成為詹森政府的閣員，但自從命運悲慘的羅伯沒機會參選，他也失業了」。名門甘迺迪世家的友人歐布來恩，想必是對成為怪人富豪休斯的屬下感到羞愧吧。

尼克森則接受了休斯十萬美金的餽贈。休斯向尼克森提出抗議，否定美國對蘇聯防衛戰略的重要武器ABM（反彈道飛彈），但尼克森只是對國務卿季辛吉嘆道「休斯腦袋有問題」。尼克森收了休斯的錢，但無視他的要求。

《神鬼玩家》揭發水門事件的動機

在休斯傳記中水門事件也稱為「霍華門事件」。前文也提過，水門事件指的是一九七二年六月十七日有人侵入位於水門大樓的民主黨選舉總部試圖裝設竊聽器而遭逮捕的「三流宵小案」。據報那些入侵者是共和黨總統連任選舉委員會所僱用的，一般認為此事與尼克森有關。以此為契機，尼克森過去的種種非法行為也陸續被揭發，他過去妨害搜查的事實也被踢爆；一九七四年八月八日，尼克森在遭彈劾前辭去總統職務。案發當時，就不斷有人傳說此事與休斯有關。

休斯從五〇年代開始就支持尼克森。尼克森在自傳中寫道「**霍華・休斯在金錢方面支援我的傳言永不止息**」（摘自《尼克森回憶錄②》一三六頁），意指賄賂一事只是謠傳；他也對白宮幕僚長哈利・霍爾德曼（Harry Haldeman）說：「我從沒見過休斯。」

然而，尼克森的親信、水門事件的侵入者，以及幫尼克森做祕密工作——通稱「鉛管工」的屬下都說事件與尼克森的休斯恐懼症有關。中央情報局要員法蘭克・斯特吉斯（Frank Sturgis）在美國《真實》（*True*）雜誌的訪談中表示，侵入民主黨選舉總部的目的之一是「要找尋休斯與民主黨之間的通聯資訊、備忘錄以及其他資料」。前白宮助理霍華・杭特（Howard Hunt）在其自傳《總統的間諜》中提到自己曾經向《生活》雜誌的記者打聽埃文假自傳事件的消息。尼克森競選團隊安全顧問詹姆斯・麥科德（James McCord）也在相關著作《一卷錄音帶》（*A Piece of Tape*）中提到他聽說杭特與休斯的人接觸，杭特奉休斯組織的命令，闖入埃文家找尋寫作假自傳時參考的尼克森資料。

總統顧問約翰・亞列舒曼（John Ehrlichman）也在其著書中特別撥出一章揭露休斯給尼克森弟弟唐納的獻金問題。

民主黨選舉委員會會長賴瑞・歐布來恩從前與休斯有來往，據說尼克森擔心他因此得知獻金的事，選戰開打後會拿出來大作文章。

出版過許多歷史著作的紐奧良大學教授史蒂芬・安布洛斯（Stephen E.Ambrose）在將近兩千頁的尼克森傳記三部曲中寫道，「不知是誰下令侵入民主黨總部，動機也不清楚。至今並沒有發現尼克森簽署的『入侵水門大樓，監聽賴瑞・歐布來恩』的命令文件」。

水門事件與休斯的關聯將永遠被談論不休，但這也不過是幾個可能中的一個罷了。

然而，就像是電影《誰殺了甘迺迪》帶來的迴響導致甘迺迪遇刺案的相關文件全部公開，馬汀・史柯西斯與李奧納多・狄卡皮歐合作的《神鬼玩家》再度使得休斯成為眾人的話題焦點，許多休斯相關書籍都重新出版或推出新書，休斯與水門事件的關係也再度被提出討論。

二〇〇三年美國公共電視PBS的水門事件特別節目《水門事件後三十年：歷史的陰影》，節目中尼克森的親信傑伯・麥格盧德（Jeb Magruder）接受採訪，在攝影機前作證尼克森曾親自打電話給司法部長約翰・米契爾（John Michell）說：「約翰，你聽好，我們需要賴瑞・歐布來恩的情報。」並聽到尼克森命令一個部下侵入水門大樓。麥格盧德也曾把這件事告訴《公民休斯》的作者麥可・卓士寧（Michael Drosnin），並說尼克森的動機是為了知道民主黨是否曉得尼克森收受休斯十萬美金的政治獻金。尼克森下台後，他的法律顧問約翰・迪恩（John Dean）與總統特別顧問查爾斯・寇爾森（Charles Colson）討論水門事件之謎，也提到歐布來恩透過梅休知道休斯與尼克森的關係，而這就是尼克森總統急著對他做身家調查的動機。

除此之外，二〇〇五年二月CBS《六十分鐘》播放的〈水門案：與飛行者休斯有關？〉節目中，水門事件調查委員會的前工作人員雷茲里・斯塔赫爾說：「不確定休斯的政治獻金問題是不是（侵入的）主要目的，但總統確實認為此事重要。」他宣稱在水門事件報告書也是這麼寫的，但這段文字並沒有出現在最終報告書。

尼克森的創傷症候群

顯而易見的，休斯的獻金問題造成了尼克森的心理創傷。與約翰・甘迺迪對打的一九六〇年總統選舉前，媒體揭露尼克森的弟弟唐納經營的汽車餐廳（店裡有一道受歡迎的料理叫「尼克森傻瓜」）資金是來自於休斯，但這個新聞還不致造成影響。尼克森在一九六二年出版的《六次危機》（*Six Crises*）只簡單提到這個問題，表示獻金是無稽之談。唐納對他說「希望你不要認為是我害你敗選」，他則回答唐納責任不在他。然而，這場選戰是美國總統選舉史上罕見的激戰，從總得票數來看，甘迺迪獲三千四百二十二萬一千四百六十三票，尼克森則是三千四百一十萬八千五百八十二票，雙方差距僅有0.1％。雖然這件事「還不致造成影響」，但如果沒有休斯貸款的新聞，尼克森獲勝的可能性極大。事實上，後來約翰・甘迺迪的弟弟羅伯也承認這則新聞是甘迺迪獲勝的重要因素。

尼克森期待捲土重來，一九六二年出馬參選加州州長，結果獻金問題又被提出來。曾任前副總統、前總統的他「降格」參選，卻敗了選戰，詹森總統嘲笑尼克森是「萬年選舉政客」。尼克森還對新聞記者說「這下你們沒興趣再糟蹋我了吧」，這件事被報導為「尼克森的政治生涯告終記者會」。尼克森失意之餘，遂退出政壇。

有幾個說法，例如「尼克森政權很擔心『休斯貸款醜聞』，有人相信尼克森因此在一九六〇年的總統大選敗給甘迺迪。」（約翰・迪恩）、「竟然為了蒐集情報而侵入別人地盤，實在愚蠢至極。只要是與霍華・休斯有關的事，尼克森總是會失去判斷力」（哈德曼）。

尼克森本人在一九七二年八月三日對亞列舒曼說：「那些傢伙如果再提休斯貸款的事，我們就先反將歐布來恩一步，揭他瘡疤（指歐布來恩收了休斯顧問費卻沒有繳納稅金的事）。」因水門事件陷入僵局的尼克森在一九七三年六月七日被朋友貝貝・雷伯叟問到國稅局介入調查的事，總統辦公廳主任亞歷山大・海格（Alexander Haig）解釋是因為休斯的政治獻金問題。

諷刺的是，歐布來恩其實在水門事件發生之前都不知道獻金的事。對於對方裝竊聽器的理由，他推測「我是在案發後好一陣子才知道休斯獻金的事，應該不是這個原因吧」。梅休也對CBS的節目製作單位說：「我絕對絕對沒跟他提（獻金的事），我沒有理由對賴瑞（歐布來恩）說。為什麼我得跟他說明不可呢？」

水門事件難道是尼克森無中生有的妄想導致的嗎？

曾出版過幾本與休斯有關的著作、戳破埃文造假的記者詹姆斯・休蘭，將尼克森因為休斯獻金問題導致兩次選舉均慘遭滑鐵盧一事稱作「水門事件的彩排」。明明只要老實承認收受獻金就沒事了，尼克森卻始終試圖抹滅與休斯的關連，結果自招毀滅。尼克森終究無法逃離重蹈覆轍的宿命。

尼克森認為，《華盛頓郵報》的水門事件報導背後的神祕情報提供者「深喉嚨」，便是歐布來恩的繼任者——同樣與休斯有牽連的羅伯・班奈特。尼克森心中對水門事件的理解似乎是：從休斯手上領取高薪的歐布來恩打算在一九七二年的選舉揭露他與休斯的關係，設計尼克森非法侵入敵手陣地試圖竊聽後，休斯再派另一個親信向媒體揭露他的行動。

休斯與尼克森都是歷史上的大人物，他們都討厭他人，只相信「親信」，與世界孤立，被自己的妄想束縛，在這幾點兩人倒是很相像。

人生的終點

休斯晚年在飯店過著隱世生活。偏食，瘦得像皮包骨，不剪頭髮、不修鬍子，連指甲都不修剪，外表宛如仙人，如果以西洋風來形容，就像魔法師。頭髮像雜草般骯髒，鬍鬚經常黏著菜渣；不穿衣服，只以一條內褲蔽體；隨地排泄，不洗澡，身體總是散發惡臭。如果電影要一直拍到休斯的晚年，就算有好萊塢的化妝技術，想讓狄卡皮歐扮演老年的休斯也太勉強了。除非他有演《蠻牛》（*Raging Bull*）的勞勃・狄尼洛的骨氣，特地減重來揣摩角色吧。或者用ＣＧ動畫輔助，應該也能做出寫實效果，只是我想看了不會太舒服。

潔癖愈來愈嚴重的休斯只允許被稱作「摩門黑手黨」的摩門教親信進入房間，拿東西時不直接碰觸物品，而是以面紙（他稱為絕緣體）隔離。用餐時裝食物的紙袋要以四十五度角對著他，他直接伸手抓取食物，過程嚴密，有固定的規則。

一九七六年四月，休斯身體狀況急速惡化。數天前他就不進食，四月三日開始出現夢囈，但他照常簽署文件。隔天，四日，他陷入昏迷。親信為了把他送回美國送他搭上專機；四月五日下午一點二十七分，休斯在午後耀眼的陽光下離世。

休斯死後，墨西哥政府立刻派員到他最後的住所阿卡波卡王子飯店。休斯的親信用飯店的電話通知對方「要洗過手再來」，讓墨西哥政府十分震驚。休斯曾發下豪語「這世上沒有我收買不到的人」，但他就連死了都還要執著於洗手的事，未免也太可悲了。

休斯曾是世界首富，但在他的生命末期公司的經營被黑心的員工控制，他每天過著被背叛的日子。他們剝削休斯，好滿足個人私利。休斯自行施打止痛劑，手臂都是針孔，他的肉體已經殘破不堪。死前一週，休斯最後的便利紙寫著「我再也不想心煩。我沒叫你們，就不要來打擾我」。醫師解剖休斯的遺體時發現他的左肩脫臼，但沒有施行任何治療。與休斯關係交惡的梅休聽到他過世的消息，高興地對妻子說「那混蛋終於掛了」，還說希望休斯能受到更多的苦。後來他透過報導知道休斯悲慘的晚年，羞愧得號啕大哭。

休斯是在從阿卡波卡返回故鄉休斯頓途中在私人飛機上斷氣。

對身為「Aviator（飛行員）」的他而言，墨西哥與德州國境上空應該是最適合他離開人世的處所吧。

休斯死後，人們在他置放貴重物品的倉庫發現了凱瑟琳・赫本的情書。看來他就連離世也要奉行好萊塢電影風格呢。

勝者埃文的榮耀

休斯去世後三十一年，捏造自傳與遺囑的埃文與達馬兩人仍然健在。他們那之後各自過著什麼樣的生活呢？恰巧，兩人最近先後都受到了世間矚目。

埃文在度過一年五個月的牢獄生活後，於一九七四年二月十四日假釋出獄。

即便在現代史被定位成一名造假者，埃文仍是備受肯定，他在奧森・威爾斯（Orson Welles）執導的《偽作》（*F for Fake*）一片中飾演他本人，並不時受邀出席以「造假者」為主題的特別節目。

有趣的是，奧森・威爾斯在片中聊到了他對休斯的回憶。

這裡是迷人的城市好萊塢，我和休斯是二十五年前認識的。那時是清晨，他看上去心情很

好。至於他這個人，就跟傳言如出一轍。

這個飯店的隱密房間是休斯的指揮中心。他就像是祕密警察。片中威爾斯這麼說著，手持攝影機對焦在飯店前的樹枝。

就是那棵樹的樹枝。好幾年來，每夜凌晨一點半那裡都會出現一個小包，那是為了在半夜散步的休斯準備的。

小包裡裝的是什麼？是火腿三明治。

休斯本人便是祕密的製造者。埃文說得沒錯。

曾經是世界名人的他丟棄過去，出世般消失在沙漠中。不，或該說消失的是沙漠，休斯隨著賭場的機器來到這裡。

他從黑手黨手中買下飯店，住在頂樓。

那之後再也沒人見過他，不管拉斯維加斯的居民怎麼盯著看都是白費。

由於他不肯現身，自然而然出現了一些謠言，像是「清晨四點在路邊看到休斯，他腳上穿的不是鞋子而是面紙盒」之類。

前面提過的回憶錄《騙局》說明了休斯事件相關人等的近況，並在結論重申「克里福特・埃文與里察・休斯金撰寫的《霍華・休斯自傳》並沒有發行」。後來那本假自傳（封面與加上作者簽名的扉頁照樣寫著《霍華・休斯自傳》，克里福特・埃文著）由他自己的出版社發行，透過網路販售，一本賣一百塊美金，結果銷購一空。筆者也上網訂購一本。在美國訂購含運費是一百美金，如果是從日本購買，加上運費就要一百七十美金。筆者四處蒐購，有的甚至是以一本數百美金的高價購得，一共買到四本。其中一本是有作者簽名的「收藏品」，錢花得很值得。

這本傳記雖是偽造的但寫得真好，也難怪麥格羅・希爾出版社的高層讀過後會被騙得團團轉。

前言寫得很好，「那是一九四〇年的時候，霍華・休斯在拍攝電影《亡命之徒》（*The Outlaw*），我和他在音響室第一次見面」，由容由此切入，當時兩人相談甚歡，埃文當上作家後把《贗品》一書送給休斯，休斯讀後深受感動寄了一封信給埃文，埃文提出要求想替休斯執筆自傳。三十一年之後的重逢，他說休斯並不像外界傳聞的一副頭髮、指甲不修剪的狂人模樣，只是比他最後公開的照片更老一些、更瘦一些而已，說法出乎眾人意料。最後他做了結論：「我認為身為億萬富翁的他（指休斯）並不是壞人，只是怪了一些罷了。他是個非常古怪的人。」

書中埃文寫到休斯去了古巴認識海明威，但就連海明威都在覬覦休斯的財富，令休斯感到幻滅；在印度，休斯受不了骯髒的環境；他還訪問了日本，與索尼、國際牌、三菱等公司洽談生意，對日本人的技術深感佩服。雖然京都的美令他心醉，但飯店房間的床太小，他也嫌惡東京空氣污染太嚴重、人太多，所以不喜歡日本，對日本有諸多抱怨；他簡直就像《阿甘正傳》裡的阿甘，環遊世界了一周。

《騙局》中提到假自傳完成時共犯休斯金得意洋洋地說這份原稿「五年後可以十萬美金賣給德州大學」，但一九八九年在休斯頓舉辦的拍賣會上，這份原稿僅僅只賣得兩百美金。

東京電視台的綜藝節目《開運鑑定團》登場的來賓常會高估自己所有物的價值，看來這情況似乎古今中外都一樣。

出獄後身無分文的埃文後來仍舊從事寫作，其中有幾本書大為暢銷。發行日譯本的除了有《贋品》、《騙局》，還有《天使琴恩》（*The Angels of Zin*）、《試煉》（*Trial*）等書。他有本書（《湯姆・密克斯與潘喬・維拉》〔*Tom Mix and Pancho Villa*〕）還引起奧利佛・史東導演的興趣，差點改拍成電影——埃文自認這部是他「最棒的作品」，推薦我買來讀。

一九九九年他在CBS《六十分鐘》的〈Liar, Liar〉特輯風光登場，他說造假日記時他是真的認為自己遇過休斯，甚至相信自己寫下的蠢話，還說自己比任何一位傳記作家都更了解休斯，他只是寫下自己心中的畫面。

他與事件當時的妻子愛迪絲分手後，多次再婚，現在與第六任妻子潔莉一起生活。

二〇〇七年《騙局》改編成電影，還是由李察・吉爾主演。前年書也重新改版。由於電影日本沒有上映，筆者購買了DVD（日本未發售）觀賞。

電影版有些更動，電影中休斯在埃文撰寫假自傳期間祕密提供資料給他，埃文根據資料把尼克森與休斯的關係寫進書裡，尼克森政權為了不讓傳記出版而與休斯交易，給他好處。最後休斯背叛埃文，如現實發展透過電話接受記者的訪問，導致出版計畫胎死腹中。DVD收錄的特別影片中有埃文在案發當時與最近的影像，看完了就會明白李察・吉爾的演技有多高明。他就連皺眉頭的動作都詮釋得很絕妙。

埃文如是說

筆者打電話訪問了埃文，請教他假自傳與《騙局》的事。我先寄電子郵件給他，又寫了信，但他的回應不是很熱絡。

這件事已經被問過太多次了，我很厭煩，不想再說。希望你能明白，電影內容我也不滿意。別提這些了，倒是倫敦的出版社請我將休斯的自傳以小說的形式，嗯，也就是以藝術的形式出版。如果日本出版社也對這本書感興趣就太好了。

雖然他轉移話題，我還是堅持把話題帶回假自傳上頭，對話氣氛因此變得很尷尬。

奧菜　我得請教一些可能讓你不愉快的問題。如果你回答「不高興」、「不予置評」，我也會照實刊登。

埃文　可以先聽聽你這本書的主題嗎？

奧菜　我的書主題是描寫歷史上的幾個偽造者，在霍華・休斯先生這一章，我會提到休斯先生的人生、埃文先生的事，以及麥爾文・達馬先生等人。

埃文　謝謝你對我感興趣，但那本書是三十六年前寫的。如果你是想談我人生的黑暗時代，我不想接受訪問。對我而言，除了無聊，沒什麼好說的了。我不想讓你覺得不愉快，我對你表示敬意，但我不得不拒絕你的訪問。

奧菜　如果你的回覆是「休斯的事已經很厭煩了」，那也沒關係，我會如實把你的感想寫在書上。另一方面，如果是談案發後當世人認為「埃文已經完蛋了」，但你又東山再起的經過呢？你覺得如何？

埃文　ＯＫ，如果是那個話題就可以。

我省略節錄禮貌上的招呼語，從對話開始到這裡，透過口譯，光講這些事就花了將近十五分鐘，可以看出他對談論休斯的事有多不樂意。

為了訪問他，我讀了他所有出過日譯本的小說，先理解他的小說風格與主題，又重新提問。坦白說，他的小說十分有趣。

奧菜　你立志當作家的契機是什麼？

埃文　那是我十五歲的時候。當時我瘦得像竹竿、有一對大耳朵，個性害羞。班上坐我後面的女生還幫我取了一個外號，是迪士尼卡通小飛象的名字「丹波」。直到有天，我在英文課上寫詩，老師讀了我的詩稱讚說「埃文的詩寫得真棒」，那之後我發現坐我後面的女生們對我的觀感改變了，下課時間她們會跑來找我，希望跟我做朋友。我心想：這種感覺真好。那時我就決定要當一名作家，這可絕不是假話喔。

原來如此，這就是他這輩子一直受女人歡迎、可以結六次婚的理由啊。

奧菜　你確立志向後，在哪個時間點你才有把握當一名稱職的作家？

埃文　二十三歲開始寫第一本小說的時候，我覺得自己可以靠寫作維生。我文思泉湧，我知道自己文章寫得不錯，也確定這份原稿一定能出版。

奧菜　你認為你的小說反映了自己的人生嗎？

埃文　一直是這樣沒錯。就算盡可能克制，作家一定會把自己的經歷投射在作品中。

奧菜　刑期服滿時你身無分文，一貧如洗，你相信自己還能東山再起嗎？

埃文　我從不懷疑我能捲土重來，我有才華，可以寫出好作品。我始終認為只要給我時間，我一定能再次得到出版界的賞識，絕對會的。

事實上，改編成電影的《騙局》一書便是他在自傳被踢爆造假到入獄服刑期間寫成的。他是個很有才華的作家。

奧菜　你創作的構想從何而來？

埃文　來自宇宙的萬事萬物。只要對事物敞開心胸，外面的世界就會對我傾訴。只要這麼做，你會了解到就算事情沒有實際發生，但任何事都是有可能的。

奧菜　寫小說時你的原則是什麼？

埃文　我只是如實呈現我心裡想到的事，僅此而已。

奧菜　你覺得你的人氣什麼時候會到達巔峰？

埃文　我想是死後吧。我死後應該會比現在受歡迎，但我不會汲汲營營於人氣。

奧菜　可以請教寫出一本名作的訣竅是什麼嗎？我想做為參考。

埃文　你人似乎不錯，就破例告訴你吧。我的祕訣不是祕密，就是要對萬事萬物敞開心胸。這麼一來，不管是愚鈍、偽善、傲慢或美好的事都能進入作品中。

奧菜　你寫作的重心是放在下筆前的準備工作，還是執筆過程？

埃文　這要視作品而定。以我自己來說，我雖然比較喜歡準備的過程多於實際動筆，但我總是迫不及待想立刻寫出東西，不想浪費時間閱讀資料或調查，總之，動筆就對了。

奧菜　你寫一本書的預算大約是多少？

埃文　我認為只要能帶給讀者高於書價的滿足，就是好書。要當那樣的作家，所有的收入都得投入預算吧。

雖然他說過不喜歡舊事重提，但本書是為日本讀者而寫，筆者還是問了一個有關休斯自傳的問題。

奧菜　在休斯的傳記中出現了休斯訪問日本的段落，請問你是從哪裡得到靈感的？

埃文　我以前很喜歡禪與俳句，對日本的宗教歷史很有興趣，所以我讓休斯代替我去了日本。

奧菜　最後，你有沒有什麼話想對日本讀者說？

埃文　不要把人生想得太沉重，要及時行樂。過去是創造，未來是想像，當下這一刻馬上就會成為過去，我們很難認清什麼是生。一切都是幻影，人的心就是一切。

對話彷彿變成禪的問答了。

另外，我可不是奉承，也不是撒謊，埃文的散文和小說不會讓讀者失望的。希望日本讀者們對他的《騙局》日譯本多多捧場，如此他的其他小說才有機會繼續在日本翻譯出版啊。

敗者達馬與疾病奮戰

埃文案發後順利地繼續從事寫作，不僅作品改拍成電影，娶了新老婆，還買了幾間豪宅。相對於埃文的一帆風順，達馬的日子又是如何？

一九八〇年，達馬的經歷比埃文早二十七年改拍成電影《天外橫財》（*Melvin and Howard*），電影腳本設定遺囑為真（日本未上映，DVD未銷售）。

電影中休斯被塑造成一個爽朗的老人（雖然造形很怪），他騎著摩托車發出怪聲一個人在沙漠中旅行，結果不小心摔了車。電影最後社會大眾並不相信達馬的說詞，但他喃喃地說：「休斯哼著我的歌，這樣我就心滿意足了。」畫面結束在休斯開心唱著達馬填詞的歌這值得玩味的一幕。電影頗受好評，獲得奧斯卡金像獎最佳劇本、最佳女配角等獎項，達馬名聲瞬間竄紅。飾演達馬的演員保羅・利・麥特（Paul Le Mat）長得很像達馬，當地甚至有人以為是達馬親自上場演出呢。

這部電影的製作公司環球製片的宣傳文案如下：「**本公司最新發行的《天外橫財》是描述非典型的美國英雄麥爾文・達馬因為幸運遇上一位自稱是霍華・休斯的奇妙老人，得以實現自己夢想的凸梯喜劇。**」

有人找達馬灌錄唱片，推出他自己創曲的歌曲。一直夢想成為歌手的他被拔擢擔任內華達雷諾的一間賭場的秀場主持人。

然而，他的表演終究只是外行人的水準，達馬只有「遇到休斯」這個賣點，無法長久聚集人氣。他的歌歌詞寫得很差勁。像是，「喬治·華盛頓是美國人的夢，約翰·甘迺迪也是，馬丁路德·金恩牧師也是，還有，麥爾文·達馬。我要當藝人，我的夢想開展」、「一九六七年，我開車送你到城裡。可是，你只記得地點。謝謝你啊，霍華。你只留了失望給我。一切都沒改變。對於什麼都沒改變，我感謝你」。

還有更差勁的，「大家都說遺囑是我寫的，但我明明只寫了抒情歌。如果有一天你回來，你要為我辯護啊」。

看慣拉斯維加斯表演秀的娛樂記者去觀賞了達馬的現場表演，開演不到十分鐘，記者就受不了拙劣的演出忍不住大喊「老天救命啊！」，愕然失笑。達馬忍著腳傷跳舞，但觀眾只是茫然地瞪著他看。

出於好奇來看表演的觀眾逐漸減少，最後達馬的樂隊人數都比觀眾要多。達馬因此失去了表演的舞台。

夢想幻滅使得達馬失去求生意志，最後他無法唱歌，也不聽音樂，封閉自己的心。二〇〇二年他罹患胃癌與淋巴癌，因為化療頭髮掉光，失去食欲，臉上呈現死相。但樂觀的達馬受到護士的鼓勵，在病床上又開始唱起歌來。這時，他的救星出現了。

「我相信他」

那人的兄弟長年與達馬共事，二〇〇二年，在拉斯維加斯擔任犯罪蒐查任務的前FBI幹員葛瑞・馬格內森（Gary Magnesen）見到達馬。跟多數人一樣，在實際見到達馬前馬格內森也認為達馬是個怪人，在沙漠幫助休斯的故事就像被外星人綁架的遭遇，都像胡言亂語。

達馬知道他的經歷後，懇求馬格內森幫他洗刷冤屈。為什麼到現在才要「揭開舊傷疤」呢？達馬的說法如下：

> 我希望得到大家的敬重。我想讓大家明白我不是騙子，也不是詐欺犯。我的名聲比金錢或其他東西都重要。
>
> 我在沙漠中遇到一位老人家，我想讓家人知道我幫了誰，那老人自稱是霍華・休斯，我不相信。坦白說，在遺囑送到我面前之前我根本沒多想這件事。
>
> 這件事毀了我的人生。我因此損失數千美金，也失去朋友、名聲。

這個前FBI犯罪蒐查官認為這件事值得一查，在事件發生將近四十年後，馬格內森重新展開調查。他相信達馬的理由之一是，如果這一連串的事是假的，他沒必要編造出這麼離奇的情節。

馬格內森在《調查真相》（*The Investigation*）一書詳細記載他花費兩年調查事件的經過與結論。

他挖掘出的證詞與證據十分耐人尋味。

在判斷遺囑真假的官司中，諾亞・迪崔克的辯護律師羅登的助理指出，檢視從休斯入住的沙漠飯店房間打出去的電話費和客房服務的餐費後，發現在一九六七年十二月的最後五天都沒有紀錄。這段期間正是達馬宣稱在沙漠中幫助休斯的時間，成了休斯人不在飯店的有力證據。然而審判中羅登並沒有把這些紀錄列為證據，因為他判斷要把這當作證據力量太薄弱了。雖然助理極力反駁，但羅登充耳不聞。

馬格內森還發現休斯的公司當時取得了休斯獲救的地區內礦山所有權的紀錄。

馬格內森找到三名證人證實達馬的說法。

休斯公司負責探尋礦山的約翰・梅亞是在一九五六年透過諾亞・迪崔克的介紹認識休斯。梅亞說法如下：

「我和休斯到托諾帕一帶探勘礦山。有次他一個人外出，結果迷了路，他告訴我是達馬救了他。這麼多年來我一直沒有說出真相，對達馬我感到萬分抱歉。」

梅亞後來向馬格內森要了達馬的電話號碼，向達馬道歉。

當達馬的最新動向刊登在內華達的報紙後，曾擔任休斯個人機師的谷伊德・羅貝爾特・迪洛馬上提供資訊給梅亞。

據迪洛說由於休斯身邊找不到適合的飛行員，停在飯店附近七個機場的飛機都沒在維修保養，引擎都被鳥用來築巢了。而平日休斯指派給他的機密任務，說穿了其實就是「飛到妓院」。

一九六七年末，他與休斯開著休斯喜愛的飛機Cessna 206——巧合的是，羅登就是駕駛這架飛機失事喪命的——抵達知名人士經常光顧的比佛利・哈雷爾女士經營的妓院。休斯跟往常一樣，一副流浪漢的裝扮，帶著提神飲料。

迪洛與休斯對店裡的女人品頭論足一番，結果迪洛醉倒，他醒來後休斯已經不見蹤影了。店裡的人對他說：「您的同伴已經先回去了。」他趕緊開著飛機在空中搜尋，但黑暗的沙漠中完全不見休斯。他回到飯店後也沒有接到通知，已經習慣休斯的特立獨行的他心想「沒消息就是好消息」，並沒有把這件事放在心上。

審判中提出的一段休斯意義不明的筆記，「**我期待新方向。在沙漠飯店發生的事不要再重蹈覆轍。當然，我還沒下定決心，但我準備踏出第一步**」，指的似乎就是這個騷動。

休斯鬧失蹤後，迪洛也曾載送梅亞和其他礦山相關人員到托諾帕。

休斯的另一張便條紙寫著「**一定要讓波茲威爾徹底堅守這個祕密。絕不能洩漏給任何人知道！我再三提醒他。要進一步取得這地區的所有權，計畫絕不能洩漏——否則會暴漲**」，指的也就是收購礦山的事！

迪洛看到達馬的報導後，也感到良心不安。

妓院的媽媽桑守著顧客的祕密離開人世，但她的丈夫霍華・哈雷爾尚在人世，他告訴馬格內森：「我太太生前說過霍華・休斯曾來過妓院不只一次。除此之外，她沒提過休斯的事了。」

審判中休斯的親信之所以強烈反駁達馬的說法，是為了隱瞞他們的業務過失和包庇休斯失蹤的事吧。

聽完調查結果，經過長久的沉默，達馬放聲大喊：

「感謝上帝！我沉默了二十五年，每個和我見面的人都把我當成怪人。從現在起，我終於能夠抬頭挺胸地活下去了。我是清白的。我感謝所有的一切。我是幸福的。我說的都是真話，我因受人輕蔑而生病，人幾乎崩潰，就連審判的結果也沒有為我主持公道。然而，這一切上帝都看在眼裡。我確實在沙漠發現休斯。遺囑的事我不清楚，但都是這份遺囑毀了我的一切。再次感謝。」

馬格內森進行調查前，他的黑手黨朋友對於達馬一案給了他一個忠告「你這就像在找已經死去的小孩。事到如今，不管你做什麼都是白費，停手吧」，但馬格內森回答他「那小孩還沒死」。

馬格內森在書本最後引用羅登的說法，「陪審團沒有否定遺囑，也沒有否定證據，只是我輸了官司罷了。我無法讓陪審團相信這份遺囑是霍華・休斯所寫。然而，我的失敗並沒有改變休斯寫下這份遺囑的事實。是我判斷錯誤，但遺囑是真的。我知道這點，我一直如此認為。或許有一天，所有人都將明白這點」。最後，馬格內森以值千金的一句話作結，「是的，現在全世界都知道真相了」。

「我們不想再提這件事了」

癌症治療有成效，從死亡深淵復活的達馬現在在經營肉店，以運送冷凍肉維生。因為沒人要僱用他，他只能自己開店做生意。

二〇〇六年，藉著馬格內森作品的聲勢，達馬以遺囑為真之名義向法院提出告訴，要求繼承休斯大部分遺產的母系親戚威廉・魯密斯與休斯的斯馬公司的老臣法蘭克・葛必須支付自己本來應得的一億五千六百萬美金，並加上賠償金。然而，二〇〇七年一月告訴被撤回，因為在正式的裁判紀錄中那份遺囑仍是被判定為偽造的。結果，這回他仍是一分錢也沒拿到。

我們應該相信馬格內森的調查結果嗎？

筆者試著打電話到達馬家，他本人不在，是一位女性接的電話。原來是他太太玻妮。

「我是日本人，從日本打電話來」，聽我這麼一說，她似乎有些驚訝。或許是聽到是日本人感到稀奇，她溫柔地招呼著，但是當筆者告知打電話的目的，「我是一個作家，在寫一本關於達馬先生的書，想跟妳先生談一談」，她突然聲音一沉回答我：「我們不想再提這件事了。」

我趕忙解釋：「我的書不是想貶低達馬先生，也不會把他寫成騙子。我讀過馬格內森先生的《調查真相》，也看過哈洛德・羅登先生的《高額賭注》，還有CBS的《Life in the Aftermath of Fame》……」我話還沒說完，對方就掛上電話。

不過，也難怪她不想再談這件事了。

不管是埃文或達馬，休斯的事都是他們痛苦的回憶。但這兩人後來的人生際遇大不相同，埃文說「奧菜先生，明年一月十一日起我會在墨西哥的家中工作，如果你有問題請早點提問」，他是在世界各地擁有豪宅、老婆一個換過一個的有錢人；達馬則是鄉下的冷凍肉小販。雖然他們都是名人，社會地位卻是雲泥之差。

日本有段時間很流行架空的戰爭史，例如，太平洋戰爭時如果日本入侵美國本土，如果日本決心攻打蘇聯，如果在日本國土發生決戰……類似的假設多不勝數。

在美國也是一樣。《如果？》（*What If?*）一書列舉了許多與第二次世界大戰相關的「IF」假設。以「What If?」為題的系列作品還有《What If?》、《More What If?》、《What If America?》等。《What If America?》這本書列舉出美國歷史中的各種「IF」的假設，例如，如果沒有發生水門事件，或是如果事情經過與歷史不同，尼克森沒有做無謂的掩飾而讓這起事件以小小的「三流宵小事件」收場。可惜預測的結果不怎麼有趣，書中說就算沒有發生水門事件，尼克森的濫權一樣會使他非法侵入其他地方而惹禍上身，歷史並不會有太大改變。

達馬改變了歷史？

日文裡有「一期一會」這種說法，意指要珍惜一生只有一次的珍貴機遇。休斯與達馬在寒冬的沙漠相遇，這是奇蹟，是一期一會。如果達馬沒有救休斯，受傷且高齡的休斯就會凍死，這個尼克森畏懼的人物從世上消失，如此就不會發生水門事件，尼克森可能會以其他理由下台。還有，有人說一九七五年四月越南西貢會淪陷，是因為美國政治因水門事件癱瘓，顧及不到越南的戰後對策引發的結果。案發之際，尼克森與季辛吉曾諷刺地說「不管發生什麼事，報紙都只寫水門事件」、「就算是20%的通貨膨脹也會被擺在社會新聞版面」。但西貢的淪陷或許是延後了也說不定，因為如果休斯在一九六七年命喪沙漠，那美軍的軍事發展也會落後吧。有人說達馬現在已成了美國文化的一部分，但並不是以民間傳說的形式，而是以一個傻氣的膽小男人以溫柔與勇氣拯救了偉人，是改變了歷史的大人物……

我開玩笑的啦。或許你意想不到的是，在這本書裡編造最誇張謊言的騙子其實是筆者呢。就此擱筆吧。

祝霍華安息，祝福埃文，也祝達馬幸福快樂……

結語

無

——當然是鬧著玩的！

呵呵，各位讀者是否被我騙著了呢。以前的我懶到把自己養的貓取名為「貓」，原本我還考慮〈後記〉只要「寫完了」三個字就好，但這樣做實在太冷漠了，還是作罷。貓會把飼主喊牠的名字當成自己的名字，一旦「貓咪、貓咪」地叫，牠就會馬上靠過來。可是如果其他人說「啊，有一隻貓耶」，牠也靠過去，實在很傷腦筋。如果有機會再養貓，我決定就叫牠「狗」好了。喔，雖然不是羅爾德・達爾（Roald Dahl）的小說，取名「貝多芬」好像也不錯。但若是像喬治・魯茨把貓取名為「豬」，未免太可憐了，還是不要的好……

如果本書賣得好，我打算下下下下下部作品接著寫續篇，所以如果你覺得這本書還不錯，請推薦給親朋好友。還有，克里福特・埃文的書真的很精采，我大力推薦。

本書的誕生多虧眾人的協助，在此致上我最深切的感謝。

約翰・法拉哥先生，我確實感受到你對亡父的思念。

謝謝吉姆・馬斯先生提供週刊雜誌的報導與著作。

感謝威姆・丹庫巴先生的電子郵件與無數通電話。

謝謝大衛・佩里先生長篇幅的評論。

期望與阿朗・韋伯曼先生繼續討論。

克里福特・埃文先生，你年輕時立志當作家的故事真的很有趣。

玻妮・達馬太太，我聽到妳的話了。

羅桑妮・卡布朗太太，百忙之中還撥空協助，十分感謝。祝妳的女兒珍與薇琪都能長成亭亭玉立的淑女。

大衛・埃文先生，你說的話實在有趣。

黛博拉・康威小姐，下次有機會再造訪達拉斯，請妳當我的嚮導。

最後，在此鄭重感謝祥傳社黃金文庫編輯部與出版製作的赤羽高樹先生。

還有，本書中尊稱一律省略，請見諒。

二〇〇八年三月　奥菜秀次

引用、參考資料

第一章　誰寫了開膛手傑克的日記？

ハリソン・シャーリー《切り裂きジャックの日記》（大野晶子訳、同朋舎出版、一九九四年）Harrison, Shirley（narrative by）, *The Diary of Jack the Ripper*, Smith Gryphon Publishers, 1993, 1994.

仁賀克雄《新・ロンドンの恐怖　切り裂きジャックの犯行と新事実》（原書房、一九九七年）

仁賀克雄《切り裂きジャック　闇に消えた殺人鬼の新事実》（講談社文庫、二〇〇四年）

コーンウェル・パトリシア《切り裂きジャック》（相原真理子訳、講談社、二〇〇三年）

コーンウェル・パトリシア《真相切り裂きジャックは誰なのか？》上下（相原真理子訳、講談社文庫、二〇〇五年）Cornwell, Patricia, *Portrait of A Killer: Jack the Ripper Cace Closed*, Berkley Books, 2003.

ウィルソン・コリン&ダモン・ウィルソン《世界不思議百科　総集編》（関口篤訳、青土社、一九九五

年）

ウィルソン・コリン＆ロビン・オーデル《切り裂きジャック　世紀末ロンドンの殺人鬼は誰だったのか?》（仁賀克雄訳、徳間書店、一九九〇年）

ラベンロー・ドナルド《十人の切裂きジャック》（宮祐二訳、草思社、一九八〇年）

〈フロム・ヘル（特別編）〉（DVD）特典ディスク収録映像〈『切り裂きジャック』容疑者たちと被害者たち〉、二十世紀フォックスホーム・エンターテインメントジャパン

「ギャラクシー・クエスト」（DVD）ユニバーサル・ピクチャーズ・ジャパン

Linder, Seth, Caroline Morris and Keith Skinner, *Ripper Diary: The Inside Story*, Sutton Publishing Ltd., 2003.

Wolff, Camille(compiled by), *Who Was Jack the Ripper?: A Collection of Present-Day Theories and Observations*, Grey House Books, 1995

Evans, Stewart P. and Paul Gainey, *Jack the Ripper: First American Serial Killer*, Kodansha America Inc., 1998.

Evans, Stewart P. and Keith Skinner, *The Ultimate Jack the Ripper Sourcebook: An Illustrated Encyclopedia*, Robinson Publishing, 2001.

Hamilton, Charles, *Great Forgers and Famous Fakes: The Manuscript Forgers of America and How They Duped the Experts*, Glenbridge Publishing Ltd., 1996.

Rendell, Kenneth W., *Forging History: The Detection of Fake Letters and Documents*, University or Oklahoma Press, 1994.

"The Diary of Jack the Ripper: Beyond Reasonable Doubt?"(DVD) Image Entertainment, 1999.

"History's Mysteries: Hunt for Jack the Ripper."(DVD) A&E Home Video, 2005.

Trow, M. J., *Photography by Cardbook, Tim The Many Faces of Jack the Ripper,* Summersdale, 1998.

http://casebook.org/dissertations/maybrick_diary/

第二章　希特勒的副官馬丁・鮑曼還在人世嗎？

ファラゴ・ラディスラス《追求　マルチン・ボルマンとナチの逃亡者》（寺村誠一訳、早川書房、一九七七年）

ファラゴ・ラディスラス《アラビヤを探る》（原田耕三・清澤政男訳、青年書房、一九四〇年）

ファラゴ・ラディスラス《枢軸側の大戦略》第一・二巻、第二次大戦史料・戦史資料第三三（陸上自衛隊幹部学校訳・刊、一九五六年）

ファラゴ・ラディスラス《知恵の戦い》（日刊労働通信社訳、朝日ソノラマ、一九八五年）

ファラゴ・ラディスラス《読後焼却》（佐々淳行訳、朝日ソノラマ、一九八五年）

ファラゴ・ラディスラス《盗まれた暗号》前編・後編（堀江芳孝訳、原書房、一九六七年）

ファラゴ・ラディスラス《ザ・スパイ　第二次大戦下の米英対日独諜報戦》上巻・下巻（中山義之訳、サンケイ新聞社出版局、一九七三年）

ハリス・ロバート《ヒットラー売ります》（芳仲和夫訳、朝日新聞社、一九八八年）

アーヴィング・デイヴィッド《ヒトラーの戦争》上下（赤羽龍夫訳、早川書房、一九八三年）
ヴィーゼンタール・ジーモン《殺人者はそこにいる》（中島博訳、朝日新聞社、一九六八年）
ヴィーゼンタール・ジーモン《ナチ犯罪者を追う》（下村由一・山本達夫訳、時事通信社、一九九八年）
フォーサイス・フレデリック《オデッサ・ファイル》（篠原慎訳、角川書店、一九七四年）
セレニー・ギッタ《人間の暗闇　ナチ絶滅収容所長との対話》（原著一九七四年、小俣和一郎訳、岩波書店、二〇〇五年）
ゲーレン・ラインハルト《諜報・工作　ラインハルト・ゲーレン回顧録》（赤羽龍夫監訳、読売新聞社、一九七三年）
クノップ・グイド《ヒトラーの共犯者　十二人の側近たち》下巻（高木玲訳、原書房、二〇〇一年）
高橋五郎《ミカドの国を愛した超スパイベラスコ　今世紀最大の「生き証人」が歴史の常識を覆す》（徳間書店、一九九四年）
クライトン・クリストファー《ナチスを売った男　ジェームズ・ボンド作戦　世紀の謀略》（落合信彦訳、光文社、一九九七年）
ヴィノグラードフ・V・K、Ya・F・ボゴーニイ&N・Vチェブツォフ編《KGB調書㊙ヒトラー最後の真実》（佐々洋子・貝澤哉・鴻英良訳、光文社、二〇〇一年）
トーランド・ジョン《アドルフ・ヒトラー【4】奈落の底へ》（永井淳訳、集英社文庫、一九九〇年）
アスター・ジェラルド《最後のナチメンゲレ》（広瀬順弘訳、読売新聞社、一九八七年）
トマス・ヒュー《ヒトラー検死報告　法医学からみた死の真実》（栗山洋児訳、同朋舎出版、一九九六

年）

マクガバン・ジェームス《ヒトラーを操った男　マルチン・ボルマン》（西城信訳、新人物往来社、一九七四年）

檜山良昭《ナチス副総統ボルマンを追え　現代史の謎》（東京書籍、一九九三年）

Farago, Ladislas, *Palestine on the Eve,* Putnam, 1936.

Farago, Ladislas, *Palestine at the Crosroads,* Putnam, 1936.

Farago, Ladislas, *The Riddle of Arabia,* Sheridan House, 1939.

Farago, Ladislas, (Audio Cassette), *Aftermath,* Part 2 of 2, Books on Tape Inc., 1984.

Trevor-Roper, H.R. (edited with an Introduction and Notes by), *The Bormann Letters: The Private Corespondence Between Martin Bormann and His Wife from January 1943 to April 1945,* Weidenfeld & Nicolson, 1954.

Trevor-Roper, H.R., " Bormann's Last Gasp", *The New York Review of Books,* November 14, 1974.

Korda, Michael, *Another Life: A Memoir of Other People,* Deltabook, 2000.

Douglas, Gregory, *Gestapochief,* R. James Bender Pub. 1996.

Uki Goini, *The Real Odessa: The Nazi Escape Operation to Peron's Argentina,* Granta Books, 2002.

Jochen, Von Lang, *The Secretary Martin Bormann: The Man Who Manipulated Hilter,* Random House, 1979.

Dorril, Stephen, *MI6: Inside the Cover World of Her Majesty's Secret Intelligence Service,* Touchstone, 2002.

Newton, Ronald C., *The Nazi Menace in Argentina, 1931-1947,* Stanford University Press, 1992; Umi Books On Demand, 2007.

Levenda, Peter, *Unholy Alliance: A History of Nazi Involvement with the Occult,* Second Edition, Continuum, 2002.

Whiting, Charles, *The Search for Gestapo-Muller,* Pen&Sword, 2002.

Posner, Gerald and John Ware, *Mengele: The Complete Story,* Cooper Squarepub, 2002.

Thomas, Hugh, *The Murder of Adolf Hilter: The Truth About the Bodies in the Berlin Bunker,* St Martin's Press, 1996.

Lebert, Stephan, *My Father's Keeper: How Nazi's Children Grew Up with Parent's Guilt,* Abacus, 2002.

Whiting, Charles, *The Hunt for Martin Bormann: The Truth,* Pen&Sword, 1996.

Melchior, I.B. and Frank Brandenburg, *Quest: Searching for the Truth of Germany's Nazi Past,* Presidio, 1994.

Mckale, Donald M., *Hilter: The Survival Myth,* Updated Edition, Cooper Square Press, 2001.

Vinogradov, V. K., J. F. Pogonyi and N. V. Teptzov (Forewarded by Andrew Roberts) *Hilter's Death: Russia's Last Great Secret From the Files of the KGB,* Chaucer Press, 2005.

Creighton, Christopher, *Op JB; The Last Great Secret of the Second World War,* Simon & Schuster, 1996.

Goldstone, Patricia, *Aaronsohn's Maps: The Untold Story of the Man Who Might Have Created Peace in the Middle East,* Harcourt, 2007.

Kilzer, Louis, *Hitler's Traitor; Martin Bormann and the Defeat of the Reich,* Presidio Press, 2000.

"England's Secret Government", *KEN,* April 7th, 1938.

"War Crimes: The Bormann File, Volume 36", *TIME,* December 11, 1972.

"British Paper Reports Bormann Alive", *The New York Times,* November 25, 1972.

"Israeli Who Seeks Nazis Is Skeptical on Bormann", *The New York Times,* November 26, 1972.

"An Argentine Aide Spoke to Bormann: British Paper Says", *The New York Times,* November 27, 1972.

"Paper Says Person Helped Bormann", *The New York Times,* November 28, 1972.

"Argentine Authorities Term Some of the Statements on Bormann Unfounded", " Simon&Schuster to Publish Book Saying Bormann Lives", *The New York Times,* November 29, 1972.

"London Paper Says Argentina Staged Eichmann Kidnapping", *The New York Times,* November 30, 1972.

"Paper Identifies 4 Nazis Said to Be in South America", " Paperback on Bormann Commissioned by Bantam", *The New York Times,* December 1, 1972.

"Author Says Argentina Jails Man Who Exposed Bormann", *The New York Times,* December 2, 1972.

"Argentine Officer Cited on Bormann Not Listed on Rolls"," A Nazi Ghost Stirs Again", *The New York Times,* December 3, 1972.

"German Weighs Legal Step on Bormann", " Bormann's Power During War Was Second Only to Futhrer's", " Ahlers Says His Last Word As the Spokesman for Bormann", " School Bars Bormann's Son", *The New York Times,* December 5, 1972.

"Author Concedes He Did Not Verify Report of a Bormann Visit to Argentina", *The New York Times,* December 6, 1972.

"Never Saw Bormann, Argentinian Declares", " Accuracy of Recent Reports on Bormann Challenged", *The New York Times,* December 10, 1972.

"Author Terms Argentine's Statements on Bormann False 'in Their Entirety'", " Letters to the Editor: Bormann's 'Feat' Questioned", *The New York Times,* December 11, 1972.

"Parmount Buys Bormann Rights", *The New York Times,* December 14, 1972.

"The Seventeenth Martin Bormann", *The Sunday Times*, December 3, 1972.
"New Bormann Probe", *The Sunday Times*, December 10, 1972.
"Bormann 'Idyll in England'", *The Observer*, December 17, 1995.
"Dead Men's Secrets: Escape from Hitler's Bunker"(VHS), A&E Television Networks, 2001.
"The Disappearance of Martin Bormann: The Mysterious Story of Hitler's Right-hand Man Who Vanished at The End of World War II"(VHS), A film by Dan Setton, Direct Cinema Limited, 1998.
"Hitler's Fixer: The True Story of Hitler's Deputy Martin Bormann"(DVD), Delta, 2003.
Weinberg, Joel H., "The Bormann Documents", *The New York Review of Books*, February 20, 1975.
http://www.nybooks.com/articles/9272
Letters to David Irving on This Website " What really happened to Martin Bormann?"
http://www.fpp.co.uk/Letters/History_04/Buhr100304.html

第三章　為什麼甘迺迪遇刺案的話題永遠無法結束？

ギャリソン・ジム《ＪＦＫ　ケネディ暗殺犯を追え》（岩瀬孝雄訳、早川書房、ハヤカワ文庫版一九九二年／映画『ＪＦＫ』の原作）
マース・ジム《宇宙人ＵＦＯ大事典　深〔地球史〕》（柴田譲治訳、徳間書店、二〇〇二年）
土田宏《秘密工作ケネディ暗殺　天国からのメッセージ》（彩流社、二〇〇三年）

奥菜秀次《ケネディ暗殺・隠蔽と陰謀》（鹿砦社、二〇〇〇年）

ストーン・オリヴァー＆ザカリー・スクラー他《ケネディ暗殺の真相を追って》（中俣真知子・袴塚紀子他訳、キネマ旬報社、一九九三年）

リオーダン・ジェームズ《オリバー・ストーン　映画を爆弾に変えた男》（遠藤利国訳、小　館、二〇〇〇年）

ジアンカーナ・サム＆チャック《アメリカを葬った男》（原著一九九二年、落合信彦、光文社、一九九二年）

マッキンレー・ジェームズ《アメリカ暗殺の歴史》（和田敏彦、集英社、一九七九年）

落合信彦《二〇三九年の真実》（集英社、一九七九年）

アカンバーグ・ジョエル《人はなぜ異星人（エイリアン）を追い求めるのか　地球外生命体探索の五〇年》（村上和久、太田出版、二〇〇三年）

モロー・ロバート《ケネディ暗殺》（原著一九九三年、河合洋一郎訳、原書房、一九九六年）

レモン・ウィリアム＆ビリー・ソル・エステス《ＪＦＫ暗殺》（広田明子訳、原書房、二〇〇四年）

レーン・マーク＆ドナルド・フリード《ダラスの熱い日》（井上一夫訳、立風書房、一九七四年）

〈「トゥナイト」スペシャル「ケネディを暗殺した男」〉（テレビ朝日、一九八八年放映）

Morrow, Robert D., *Betrayal,* Henry Regnery Company, 1976.

Prouty L. Fletcher, *JFK: The CIA, Vietnam and the Plot to Assassinate John F. Kennedy,* Whose Theories Inspired The Movie JFK with an Introduction by Oliver Stone, Birch Lane Press, 1992.

Blakey G. Robert & Richard N. Billings, *Fatal Hour: The Assassination of President Kennedy by Organized Crime,* Berkley Non-Fiction, 1992

Livingstone, Harrison E. & Robert J. Groden, *High Treason,* Berkley Books, 1990.

Livingstone, Harrison E., *High Treason 2; The Great Cover-Up: The Assassination of President John F. Kennedy,* Carroll & Graf Pub. 1992.

Livingstone, Harrison E., *Killing The Truth,* Carroll & Graf, 1993.

Livingstone, Harrison E., *High Treason 1: The Assassination of President John F. Kennedy – What Really Happened,* Trafford Publishing, 2006.

Groden, Robert J., *The Killing of a President,* Viking Penguin, 1993.

Marrs, Jim, *Crossfire: The Plot That Killed Kennedy,* Carroll & Graf, 1989.

Hamburg, Eric, *JFK, Nixon, Oliver Stone & Me: An Idealist's Journey from Capitol Hill to Hoolywood Hell,* Public Affairs, 2002.

Oliver, Beverly & Coke Buchanan, *Nightmare in Dallas,* Starburst Pub. 1994.

Weberman, Alan J. & Michael Canfield, *Coup D'etat in America: The CIA and the Assassination,* Quick Amer Archives, 1992.

Epstein Edward, *The Assassination Chronicles: Inquest, Counterplot, and Legend,* Carroll & Graf Pub, 1992.

Gedeny, John Forrester, *The Making of a Bum: From Notoriety to Sobriety,* Gami Publishing, 2001.

"Bachelor Exhibit, No.5002" , *Warren Commission Exhibit.*

"Special Section: After 25 Years, a New Theory Suggests That John F. Kennedy May Have Been Killed by Mistake" , *TIME,* November 28, 1988.

Dikkers, Scott(edited by), *Our Dumb Century: The Onion Presents 100 Years of Headdlines From America's Finest News Source,* Three Rivers Ph., 1999.

Cartwright, Gary, "I Was Mandarin…"

http:// web.archive.org/web/20030131180606/ http://texasmonthly.com/archive/mandarin/mandarin.1.html

http:// web.archive.org/web/20030505003928/ http://texasmonthly.com/archive/mandarin/mandarin.2.html

http:// web.archive.org/web/20030511213848/ http://texasmonthly.com/archive/mandarin/mandarin.3.html

Shannon, Ulric, "First Hand Knowledge: A Review" .http://mcadams.posc.mu.edu/morrow.htm

Perry David B.," Who Speaks for Roscoe White?" http://davesjfk.com/roscoew.html

Perry David B., "The Roscoe White Curse?" http://davesjfk.com/roscoecurse.html

Perry David B., "10 Years After." http://davesjfk.com/ricky.html

第三章　為什麼甘迺迪遇刺案的話題永遠無法結束？（附錄相關資料）

〈「鳥越俊太郎」まで加担した日テレ「ケネディ暗殺」インチキ番組〉《週刊新潮》二〇〇八年三月二〇日号、新潮社

《CBSドキュメント　ケネディ暗殺の謎》TBS，一九九三年十一月放映

《モクスペ　アメリカ大統領暗殺！　ＪＦＫは俺が撃った！》日本テレビ、二〇〇八年二月二十一日放映
http://www.ntv.co.jp/mokusp/contents/080221.html

Posner, Gerald, *Case Closed: Lee Harvey Oswald and the Assassination of JFK*, Random House, 1993; Anchor Books, 2003.

Files on JFK, Book Surge Publishing, 2005.

Kroth, Jerome A., *Conspiracy in Camelot: The Complete History of the Assassination of John Fitzgerald Kennedy*, Algora Publishing, 2003.

Giancana, Antoinette; John R. Hughes; Dmoxon, M.D., Ph.D.; Thomas H. Jobe, M.D., *JFK and Sam: The Connection Between the Giancana and Kennedy Assassinations*, Cumberland House, 2005.

Bugliosi, Vingent, *Reclaiming History: The Assassination of President John F. Kennedy*, Norton, 2007.

Ray, Pamela J. with James E. Files, *Interview with History: The JFK Assassination*, The Grassy Knoll Shooter author House, 2007.

"Files on JFK"(DVD), JFK Murder Solved. Com, 2004. (Wim Dankbaar All Right Reserved)

"The Murder of JFK: Confession of an Assassin"(VHS), Mpi Home Video, 1996.

"If At First You Don't Succeed…It Would Seem Mr. Files Is At It Again!" http://davesjfk.com/ifatfirst.html

"If At First You Don't Succeed(2)" http://davesjfk.com/twobooks.html

"James Files – The Early Days?" http://davesjfk.com/files.html

"Once Again Mr. Dankbaar Wants Answers and Once Again I Supply Them." http://davesjfk.com/dankbaar080205.html

"Phillip Jordan a.k.a. "Mexico City man" a.k.a. Saul." http://davesjfk.com/jordan.html

"With Apologies to David Letterman: The Top Ten Reasons: The Jim Files' Story Needs Help." http://davesjfk.com/lettermn.html

"Last Minute Changes In the Motorcade Route?" http://davesjfk.com/mtrcade.html

"That Pesky Remington XP-100" http://davesjfk.com/final.html

"James Files Without Bob Vernon?" http://davesjfk.com/dankbaarres.html

"Within Three Days Wim Flees the Scene: September 29th to October 2nd 2003." http://davesjfk.com/dankbaarmia.html

"As Mr. Vernon Would Have You Believe Here Is a Reply from a Member of the…" http://davesjfk.com/dankbaar.html

"Back To Basics." http://davesjfk.com/basics.html

"The Truth? You Can't Handle the Truth!" http://davesjfk.com/truth.html

"An Apology – Of Sorts." http://davesjfk.com/holt.html

"Bob Vernon and the exhumation of JFK." http://davesjfk.com/veterans.html

"Rashomon to the Extreme." http://davesjfk.com/rashomon.html

http://www.jfkmurdersolved.com/index1.htm

第四章　誰住過惡魔之屋？——鬼屋傳說的來龍去脈

アンソン・ジェイ《アミティヴィルの恐怖　全米を震撼させた悪魔の家ドキュメント》（南山宏訳、徳間書店、一九七八年）Anson, Jay, *Amityville Horror, True Story*, Prentice-Hall, 1977; Pocker Star Books, 1991.

ニッケル・ジョー《ニッケル博士の神霊現象謎解き講座》（皆神龍太郎監修、望月美英子訳、太田出版、二〇〇〇年）

ハインズ・テレンス《ハインズ博士「超科学」をきるＰＡＲＴ Ⅱ 臨死体験から信仰療法まで》（井山弘幸訳、化学同人、一九九五年）

と学会（山本弘＋志水一夫＋皆神龍太郎）《トンデモ超常現象99の真相》（洋泉社、二〇〇六年）

皆神龍太郎、志水一夫・加門正一《新・トンデモ超常現象60の真相》（楽工社、二〇〇七年）

スタイン・ゴードン編著《だましの文化史》（井川ちとせ・加賀岳彦・加藤誠・横田肇訳、発行日外アソシエーツ、発売紀伊国屋書店、二〇〇一年）

《悪魔の棲む家　アルテメット・エディション》（ＤＶＤ）二十世紀フォックスホームエンターテインメントジャパン

《悪魔の棲む家　Part2 The Possession》（ＤＶＤ）パイオニアＬＤＣ

《悪魔の棲む家　Part3 The Demon》（ＤＶＤ）パイオニアＬＤＣ

《悪魔の棲む家　完結編 The Evil Escapes》（ビデオ）徳間コミュニケーションズ

《続・悪魔の棲む家　The Amityville Curse》（ビデオ）徳間コミュニケーションズ

《新・悪魔の棲む家　A New Generation》（ビデオ）徳間コミュニケーションズ

《アミティヴィル１９９２　It's About Time》（ビデオ）エスピーオー

《悪魔の棲む家　最終章　ザ・ポルターガイストAmityville Dollhouse: Evil Never Dies》（ビデオ）イメージ・ファクトリー・アイエム

《悪魔の棲む家　コレクターズエディション（リメーク版）》（ＤＶＤ）ソニー・ピクチャーズ・エンタテインメント

Jones, John G., *The Amityville Horror II,* Warner books, 1982.

Jones, John G., *Amityville: The final Chapter,* A Jove Book, 1985.

Jones, John G., *Amityville: The Evil Escapes,* Tudor Publishing Company, 1988.

Jones, John G., *Amityville: The Horror Returns,* Tudor Publishing Company, 1989.

Karl, Robin, *Amityville: The Nightmare Continues,* BMI, 1991.

Belanger, Jeff(edited.), *Encyclopedia Of Haunted Places: Ghostly Locales from Around the World,* New Page Books, 2005.

Kaplan, Stephen, Ph.D., *The Amityville Horror Conspiracy,* Belfry Books, 1995.

Sullivan, Gerard and Harvey Aronson, *High Hopes: The Amityville Murders.* Coward, McCann & Geoghegan, 1981.

Harris, Melvin, *Investigating the Unexplained,* Prometheus Books, 2003.

Berry-Dee, Christopher, *Talking with Serial Killers: The Most Evil Peole in the World Tell Their Own Stories,* John Blake, 2003.

"The Amityville Horror," Reviewed by Robert L. Morris, *The Skeptical Inquirer,* Spring/Summer 1978.

"Amityville Horror or Fantasy?" http://www.bbc.co.uk/dna/h2g2/A2927478

"Investigative Files: Amityville: The Horror of It All: Joe Nickell. " http://www.csicop.org/si/2003-01/amityville.html

"Reel or Real?: The Truth Behind Two Hollywood Ghost Stories: Benjamin Radford."
http://www.csicop.org/sb/2005-03/ghosts.html

"This is the Official Website for "The Amityville Horror.""http://www.amityvillehorror.com/

"The Amityville Horror Truth Website." http://www.amityvillehorrortruth.com/
"The Amityville Murders." http://www.amityvillemurders.com/
"Amityville: Horror or Hoax?" http://www.prairieghosts.com/amityville.html

第五章　霍華・休斯波瀾起伏的人生——兩名造假者的命運

アーヴィング・クリフォード《ザ・ホークス　世界を騙した世紀の詐欺事件》上下（三角和代訳、ハヤカワ文庫ノンフィクション、早川書房、二〇〇七年）
アーヴィング・クリフォード《贋作》（関口英勇訳、早川書房、一九七〇年）
アーヴィング・クリフォード《警部　ナチ・キャンプに行く》（中山義之訳、文春文庫、一九八六年）
アーヴィング・クリフォード《トライアル》（小西敦子訳、角川文庫、一九九二年）
ハリス、ロバート《ヒットラー売ります　偽造日報導件に踊った人々》（芳仲和夫訳、朝日新聞社、一九八八年）
大森実《ザ・アメリカ勝者の歴史　隠された帝国——ヒューズの挑戦》》（講談社、一九八六年）
エヴァンス・コリン《不完全犯罪ファイル　科学が解いた一〇〇の難事件》（藤田真利子訳、明石書店、二〇〇〇年）
エヴァンス・コリン《不完全犯罪ファイル2　科学が解いた八八の殺人・凶悪事件》（藤田真利子訳、明石書店、二〇〇七年）

ウィルソン・コリン《世界大犯罪劇場》（松浦俊輔他訳、青土社、一九九七年）
ハルデマン・H・R《権力の終焉》（大江舜訳、サンリオ、一九七八年）
フェラン・ジェームズ《謎の大富豪ハワード・ヒューズの最期》（関口英勇訳、一九七七年、プレジデント社）
ディートリッヒ・ノア、ボブ・トーマス《ワード・ヒューズ謎の大富豪》（広瀬順弘訳、角川文庫、一九七七年）
ハント・ハワード《大統領のスパイ　わがCIA20年の告白！》（青木栄一訳、講談社、一九七五年）
ディーン・ジョン《陰謀の報酬》（読売新聞外報部訳、読売新聞社、一九七八年）
マンチェスター・ヴィリアム《栄光と夢　アメリカ現代史　⑤1969~1972》（鈴木主税訳、草思社、一九七八年）
ニクソン・リチャード《ニクソン回顧録　②苦悩のとき、③破局への道》（松尾文夫・斎田一路訳、小学館、一九七九年）
ドイッチュ・ハロルド・C&デニス・E・ショウォルター編《ヒトラーが勝利する世界　歴史家たちが検証する第二次大戦・六〇の"IF"》（守屋純訳、学習研究社、二〇〇六年）
サンデー・タイムズ特別取材班〈二〇世紀最大のペテン！　ドキュメント「ヒューズ自伝」〉（関口英勇訳、『文藝春秋』一九七二年八月号）
《アビエーター　プレミアム・エディション》（DVD）松竹ホームビデオ
Brown, Peter Harry & Pat H. Broske, *Howard Hughes: The Untold Story*, Warner Books, 1996.

Maheu, Robert & Richard Hack, *Next to Hughes: Behind the Power and Tragic Downfall of Howard Hughes by His Closest Advisor,* Harper-Collins Publishers, 1992.

Guinn, Jeff and Douglas Perry, *The Sixteenth Minute: Life in the Aftermath of Fame,* Tarcher Penguin, 2005.

Irving, Clifford, *The Hoax,* Hyperion, 2006.

Irving, Clifford, *Clifford Irving's Autobiography of Howard Hughes,* Terrificbooks.Com, 1999.

Fay, Stephen, Lewis Chester, Magnus Linklater, *Hoax: The Inside Story of the Howard Hughes- Clifford Irving Afffair,* The Viking Press, 1972.

Rhoden, Harold, *High Stakes: The Gamble for Howard Hughes Will,* Crown, 1980.

Leighton, Frances Spatz and Jim Gordon Atkins(compiled and edited by), *The Encyclopedia of Howard Hughes Jokes,* Acropolis Books, 1972.

Anderson, Jack with Daryl Gibson, *Peace, War, and Politics,* Forge, 1999.

The Investigation: A Former FBI Agent Uncovers the Truth Behind Howard Hughes, Melvin Dummar, and the Most-Contested Will in American History, Barricade Books, 2005.

Ron, Laytner, *Up Against Howard Hughes: The Maheu Story, The Man Who Ran His Las Vegas Empire,* Manor Books Inc. 1972.

Liddy, G. Gordon, *Will: The Autobiography of G. Gordon Liddy,* St. Martin's Paperbacks, 1996.

Phelan, James R. & Lewis Chester, *The Money: Battle for Howard Hughes's Billions,* Orion Business Books,1997.

McCord, James W. Jr., *A Piece of Tape: The Watergate Story: Fact and Fiction,* Washington Media Services Ltd., 1974.

Ehrlichman, John, *Witness to Power: The Nixon Years,* Simon and Schuster, 1982.

Dean, John, *Blind Ambition: The White House Years,* Simon and Schuster, 1976.

Haldeman, H. R., *The Haldeman Diaries: Inside the Nixon White House,* Berkeley Nonfiction, 1995.

Nixon, Richard, *Six Crises,* TOUCHSTONE, 1990.

Hack, Richard, *Hughes: The Private Diaries, Memos And Letters: The Definitive Biography of the First American Billionaire,* New Millennium Press, 2001.

Drosnin, Michael, *Citizen Hughes: In His Own Words, How Howard Hughes Tried to Buy America,* Broadway Books, 2004.

Higham, Charle, *Howard Hughes: The Secret Life,* Berkeley, 1994.

Rendell, Kenneth W., *Forging History: The Detection of Fake Letters and Documents,* University of Oklahoma Press, 1994.

Sommer, Robin Langley, *Great Cons & Con Artists: The Incrediable Stories of the Masters of Deceit,* Brompton Books Corp., 1994.

Hamilton, Charles, *Great Forgers and Famous Fakes: The Manuscript Forgers of America and How They Duped the Experts;* Second Edition Revised and Enlarged, Glenbridge Publishing Ltd., 1996.

Yapp, Nick, *Hoaxers and Their Victims,* Robson Books, 1992.

Ambrose, Stephen E., *Nixon:The Triumph of a Politician 1962-1972,* Simon and Schuster, 1989.

Harris, Robert, *Selling Hitler: His Classic Account of the Hitler Diaries,* Arrow, 1988.

Cowley, Bobert(edited by), *What If? America: Eminent Historians Imagine What Might Have Been,* Pan Books, 2005.

"The Hughes Affair," *Life,* Vol. 72, No.4, Time Inc., February 4, 1972.

"Enter the Baroness Nina," *Life*, Vol. 72, No.5, Time Inc., February 11, 1972.

"Liar Clifford Irving Revisited," *60 Minutes*, CBS News.
http://www.cbsnews.com/stories/2000/01/28/60II/main154661.shtml

"Watergate: 'Aviator Connection'?," *60 Minutes*, CBS News.
http://www.cbsnews.com/stories/2000/02/24/60minutes/main676414.shtml

"Melvin and Howard," Film Press Kit.

（除了本文中提及的參考文獻以外之主要參考資料）

麥田叢書60

捏造的世界史：為什麼人們會受騙？

作　　者　奧菜秀次
譯　　者　陳美瑛
封面設計　鄭宇斌
特約編輯　張富玲

編輯總監　劉麗真
總 經 理　陳逸瑛
發 行 人　涂玉雲
出　　版　麥田出版
城邦文化事業股份有限公司
104台北市中山區民生東路二段141號5樓
電話：（886）2-2500-7696 傳真：（886）2-2500-1966
麥田部落格：http://blog.pixnet.net/ryefield

發　　行　英屬蓋曼群島商家庭傳媒股份有限公司城邦分公司
104台北市中山區民生東路二段141號2樓
客服服務專線：(886)2-2500-7718；2500-7719
服務時間：週一至週五上午09:30-12:00；下午13:30-17:00
24小時傳真專線：(886)2-2500-1990；2500-1991
讀者服務信箱：service@readingclub.com.tw
劃撥帳號：19863813；戶名：書虫股份有限公司

香港發行所　城邦（香港）出版集團有限公司
香港灣仔駱克道193號東超商業中心1樓
電話：(852)25086231 傳真：(852)25789337
E-mail：hkcite@biznetvigator.com

馬新發行所　城邦（馬新）出版集團【Cite (M) Sdn. Bhd. (458372U)】
11, Jalan 30D / 146, Desa Tasik, Sungai Besi,
57000 Kuala Lumpur, Malaysia.
電話：(60)3-9056-3833 傳真：(60)3-9056-2833

印　　刷　前進彩藝有限公司
初版一刷　2011年2月初版一刷

售價：NT$300
ISBN 978-986-120-571-7

國家圖書館出版品預行編目資料

捏造的世界史：為什麼人們會受騙？ / 奧菜秀次著；陳美瑛翻譯. -- 初版. -- 臺北市：麥田, 城邦文化出版：家庭傳媒城邦分公司發行, 2011.02
面；　公分. -- (麥田叢書；60)

ISBN 978-986-120-571-7(平裝)

1.世界史

711　　99027068